Collection

AUX SOURCES DE LA TRADITION

HERMÈS TRISMÉGISTE

La Table d'Émeraude

et

sa tradition alchimique

Michaël Maier, *Symbola aureæ mensæ duodecim nationum*,
Francfort : Anton Humm pour Lucas Jennis, 1617

HERMÈS TRISMÉGISTE

La Table d'Émeraude

et

sa tradition alchimique

Préface
de
Didier Kahn

Septième tirage

LES BELLES LETTRES

2020

www.lesbelleslettres.com

Pour consulter notre catalogue
et être informé de nos nouveautés
par courrier électronique

Premier tirage 1995

ISBN : 978-2-251-47005-4

PRÉFACE

par

Didier Kahn

La *Table d'émeraude* et les textes alchimiques attribués à Hermès Trismégiste

L'un des textes les plus fascinants de la littérature alchimique est assurément la célèbre *Table d'émeraude* qui, selon la légende, offre l'enseignement secret d'Hermès Trismégiste originellement gravé sur une tablette d'émeraude, retrouvée entre ses mains dans sa propre sépulture. Ce bref ensemble de formules lapidaires, qui illustre à merveille le genre allégorique, mystérieux et oraculaire où se sont si souvent complu les alchimistes, n'a pas cessé durant des siècles d'être inlassablement glosé, commenté, scruté, analysé par plusieurs dizaines de générations d'adeptes de la « science hermétique ». De fait, la *Table d'émeraude* reste indissolublement associée à la figure d'Hermès Trismégiste, avatar hellénisé du dieu égyptien Thoth, l'inventeur mythique de l'écriture, de la magie, de l'astrologie, de la médecine et de l'alchimie. S'il faut en croire une ancienne inscription du temple de Dendérah relative à ce dieu, « ce qu'il a prononcé » ne subsiste-t-il pas « pour l'éternité »[1] ? Toujours est-il que, outre la *Table d'émeraude*, nombre d'ouvrages circulèrent dès avant notre ère sous ce nom prestigieux.

Toutefois, en abordant le corps de textes et de doctrines attribués à la figure mythique d'Hermès Trismégiste (c'est-à-dire « le trois fois très grand »), il faut d'emblée renoncer à y chercher une cohérence ou une unité que dément formellement l'histoire même de ces textes. Ce qui caractérise la littérature hermétique[2], qui semble apparaître en langue grecque dans l'Égypte hellénisée à partir de l'époque ptolémaïque (vers les IIIe ou IIe siècles avant l'ère chrétienne), c'est au contraire qu'elle se présente « comme un ensemble assez composite, voire hétérogène, de traités différant par leur contenu, leur auteur et la date de leur rédaction »[3]. Cette littérature est faite pour l'essentiel de textes à caractère philosophique, théologique, astrologique, médical, alchimique et magique. Le père Festugière a su y déceler quelques traits caractéristiques, en particulier l'absence de séparation entre science et religion ; toute connaissance étant dans ce contexte nécessairement révélée, on ne saurait

1. Cité par A.-J. Festugière, *La Révélation d'Hermès Trismégiste*, t. I : *L'astrologie et les sciences occultes*, Paris : Gabalda, 1944, 2e éd. 1950 (repr. Paris : Les Belles Lettres, 1986), p. 69.

2. Nous emploierons ici l'adjectif « hermétique » au sens propre : « relatif à Hermès ». Cet adjectif ne signifie que depuis le XIXe siècle « obscur, impénétrable ». On commettrait de nombreux contresens en le considérant systématiquement comme un synonyme d'« alchimique », bien qu'il ait été employé en ce sens durant le XVIIe et le XVIIIe siècle.

3. Sylvain Matton, art. « Hermétisme » de l'*Encyclopædia Universalis*, éd. 1984.

l'obtenir que par l'union intime avec la divinité. Dans sa forme la plus accomplie, la littérature hermétique présente donc un aspect mystique indissociable des matières philosophiques, scientifiques ou pseudo-scientifiques dont elle traite. Cependant ce trait est commun à nombre d'auteurs mythiques de la période hellénistique tels Zoroastre, Ostanès, Salomon, Apollonios de Tyane, et Festugière insiste sur le fait qu'« Hermès paraît n'avoir été qu'un des prête-noms dont on se sert à l'époque hellénistique pour contenter le besoin de révélation qui travaillait alors un si grand nombre d'esprits »[1]. Il faut donc se garder d'associer le nom d'Hermès exclusivement à l'alchimie, même s'il n'est pas douteux que les alchimistes eux-mêmes ont souvent pratiqué une pareille annexion, allant jusqu'à prétendre, comme Théodore Zwinger à la fin de la Renaissance, qu'« Hermès Trismégiste, roi, prêtre et très grand philosophe, dans les ouvrages théologiques qu'on possède de lui, semble partout répandre des mystères chimiques »[2].

Laissant ici les traités astrologiques et magiques ainsi que les textes à caractère philosophique, notamment le fameux *Corpus Hermeticum* et l'*Asclepius*, composés entre 100 et 300 de l'ère chrétienne, qui rendirent si célèbre le nom du Trismégiste dans l'Occident chrétien[3], nous ne nous attacherons qu'à l'étonnant destin

1. Festugière, *La Révélation...*, p. 355.

2. Cité par Carlos Gilly : « Zwischen Erfahrung und Spekulation : Theodor Zwinger und die religiöse und kulturelle Krise seiner Zeit », *Basler Zeitschrift für Geschichte und Altertumskunde*, 77 (1977), p. 57-137, ici p. 123.

3. Éd. A.-J. Festugière et A.D. Nock, Paris : Les Belles Lettres, 1945-1954, 4 vol. Cf. Frances A. Yates, *Giordano Bruno and the Hermetic Tradition*, Londres : Routledge and Kegan Paul, 1964

de la *Table d'émeraude*, retracé par Julius Ruska en 1926[1].

Selon une tradition qui remonte aux alchimistes grecs, Hermès est souvent évoqué comme le père fondateur de l'alchimie. Cependant le seul texte connu de la *Table d'émeraude* au moment où Ruska entreprit ses recherches était le texte latin, représenté par nombre de manuscrits depuis le XIIe siècle. D'où venait donc la *Table d'émeraude* ? Existait-il de ce texte un original grec ? Les recherches de Ruska en ce sens restèrent vaines ; les textes grecs d'alchimie attribués à Hermès sont en très petit nombre, sous forme de fragments ou de citations[2] : la *Table d'émeraude* n'y figure pas, quoique de récents travaux présentent comme vraisemblable la thèse de son origine grecque[3].

En revanche, les textes arabes attribués à Hermès s'avèrent bien plus nombreux : on en connaît près d'une vingtaine[4]. C'est là, au sein de cette alchimie

(trad. fr. *Giordano Bruno et la tradition hermétique*, Paris : Dervy, 1988).

1. Julius Ruska, *Tabula Smaragdina. Ein Beitrag zur Geschichte der hermetischen Literatur*, Heidelberg : Carl Winter, 1926.

2. Voir Festugière, *La Révélation...*, I, p. 240-282 : « Les fragments alchimiques d'Hermès » ; voir aussi Jean Letrouit : « Chronologie des alchimistes grecs », § 21.5, dans : D. Kahn, S. Matton (éd.), *Alchimie : art, histoire et mythes. Actes du Ier colloque international de la Société d'Étude de l'Histoire de l'Alchimie (Paris, Collège de France, 14-16 mars 1991), Paris : Universitas, 1994, sous presse.*

3. Cf. Ursula Weisser, *Das « Buch über das Geheimnis der Schöpfung » von Pseudo-Apollonios von Tyana*, Berlin-New York : Walter de Gruyter, 1980, p. 45-46.

4. Fuat Sezgin, *Geschichte des arabischen Schrifttums*, Bd. IV : *Alchimie-Chemie-Botanik-Agrikultur bis ca. 430 H.*, Leyde : E.J.

arabe encore peu étudiée, que se trouvent les premières versions connues de la *Table d'émeraude*.

Ce n'est pas dans un texte attribué à Hermès, mais au thaumaturge grec Apollonios de Tyane (arabisé sous la forme Balînûs) qu'apparaît pour la première fois la *Table d'émeraude*. À l'instar d'Hermès, la figure d'Apollonios de Tyane, philosophe néo-pythagoricien du Ier siècle de l'ère chrétienne, appartient à cette pittoresque galerie de mages, de divinités et de prophètes caractéristique de l'occultisme de l'Antiquité tardive, de par sa réputation non seulement de philosophe étonnamment charismatique, mais de magicien, thaumaturge et faiseur de miracles, propagée notamment par la biographie romancée que lui consacra le sophiste Philostrate de Lemnos (c. 170-244 ap. J.-C.) [1]. Apollonios de Tyane / Balînûs a ainsi, dans la tradition arabe, servi de prête-nom à des ouvrages traitant de magie talismanique, de magie astrologique, de qualités occultes et d'alchimie. Mais l'œuvre la plus étendue et la mieux attestée parmi celles qui lui sont attribuées est le *Livre du secret de la création (Kitâb sirr al-Halîka)*, « tentative d'une vaste explication rationnelle du monde qui, renonçant aux détails descriptifs, met en évidence les causes matérielles de la constitution de l'univers en

Brill, 1971, p. 31-44. Voir aussi Manfred Ullmann, *Die Natur- und Geheimwissenschaften im Islam*, Leyde : E.J. Brill, 1972 (*Handbuch der Orientalistik*, 1ste Abt., Ergänzungsbd. VI, 2ter Abschn.), p. 165-172.

1. Sur Apollonios de Tyane, voir U. Weisser, *Das « Buch über das Geheimnis der Schöpfung »...*, p. 10-21. La *Vie d'Apollonios de Tyane* de Philostrate a été jadis traduite en français par Blaise de Vigenère (1599), et de nos jours par Pierre Grimal, *Romans grecs et latins*, Paris : Pléiade, 1958 (rééd. 1986), p. 1025-1338.

tenant compte de l'ordre qui fut celui de la création du monde »[1]. C'est dans cet ouvrage que Ruska découvrit le texte original arabe de la *Table d'émeraude*[2], et son caractère pour ainsi dire séminal du point de vue de l'histoire de l'alchimie ne saurait être mieux illustré que par le fait qu'il offre aussi la plus ancienne attestation de la célèbre théorie du soufre et du mercure comme constituants de tous les métaux, théorie fondatrice de toute l'alchimie médiévale[3].

L'introduction du *Livre du secret de la création* est un récit visionnaire, que nous reproduisons au seuil même de ce livre[4]. On y voit Balînûs — qui se présente lui-même comme « le maître des talismans et des merveilles » — pénétrant dans le tombeau d'Hermès, finissant par y atteindre une chambre funéraire et y découvrant une tablette d'émeraude entre les mains d'un vieillard (Hermès) assis sur un trône, accompagnée d'un livre. Balînûs s'empare de ce livre et y apprend « les secrets de la création » et « la science des causes de [toutes] choses »[5]. Mais ce n'est qu'après la fin du *Livre du secret de la création*, et comme en annexe, qu'apparaît le texte même de la *Table d'émeraude*. Les dernières phrases du *Livre* sont les suivantes : « Voici maintenant achevé le

1. U. Weisser, p. 39-40.

2. U. Weisser réfute (p. 46) la thèse de Ruska voyant chez Jâbir ibn Hayyân une version de la *Table d'émeraude* plus ancienne que celle du ps.-Apollonios de Tyane.

3. Cf. U. Weisser, p. 53 ; F. Sezgin, p. 88, renvoyant à Paul Kraus, *Jâbir ibn Hayyân. Contribution à l'histoire des idées scientifiques dans l'Islam*, II : *Jâbir et la science grecque* [1942], repr. Paris : Les Belles Lettres, 1986, p. 1, n. 1.

4. Voir ci-après la bibliographie.

5. Ruska, p. 136 et 139.

Livre des causes, que Balînûs a nommé *Recueil de [toutes] les choses.* Et je suis le prêtre [Sâgiyûs], traducteur de ce livre qu'a écrit Balînûs, le maître des enchantements, et où il a révélé ce qui y était caché sur les secrets de la science de la création »[1]. Puis vient l'introduction propre à la *Table d'émeraude* : « Et ce qui suit appartient aussi à ses paroles : Voici, lorsque j'eus pénétré dans la chambre funéraire, je pris la table d'émeraude qui était devant Hermès, et il était écrit sur elle dans la langue primitive : » [suit le texte de la *Table d'émeraude*][2].

Le *Livre du secret de la création* se présente donc comme l'œuvre de Balînûs, traduite en arabe par un prêtre nommé Sâgiyûs dont on sait seulement qu'il s'agit d'un chrétien de Nâbulus (Flavia Neapolis, c'est-à-dire Naplouse, en Palestine). Les recherches menées pour identifier ce traducteur sont restées vaines, mais on tend à considérer comme vraisemblable l'existence d'un original grec, aujourd'hui perdu, du *Livre du secret de la création*[3]. Le texte arabe daterait du VIe siècle[4]. Quant au pseudonyme Balînûs, le peu qu'on sache sur l'auteur qui s'y dissimule est qu'il se déclare monothéiste, sans qu'on puisse préciser à laquelle des trois grandes religions monothéistes il appartient[5].

Compte tenu du fait que la *Table d'émeraude* n'apparaît qu'en annexe au *Livre du secret de la création*, l'on

1. Nous traduisons la version allemande donnée par Ruska à la suite de l'arabe, p. 157, en remplaçant le nom du prêtre — laissé en blanc par Ruska après l'initiale *S.* — par la transcription d'U. Weisser, p. 49.
2. Ruska, p. 158.
3. U. Weisser, p. 49-53.
4. *Ibid.*, p. 53.
5. *Ibid.*

pourrait croire de prime abord qu'il ne s'agit que d'une pièce rapportée. À tout prendre, si l'on considère le sujet du *Livre* et le contenu de la *Table d'émeraude* sans se laisser influencer par la tradition séculaire de ce texte, on peut même en venir à se demander s'il s'agissait bien originellement d'un texte alchimique, car rien ne le prouve dans le vocabulaire qui y est employé, et de fait, les « secrets de la création » et la « science des causes » ressortissent bien plus au domaine de la cosmologie qu'à celui de l'alchimie[1]. Mais chacune de ces objections peut être réfutée. En fait, la mention de la *Table d'émeraude* dès le début du *Livre* montre que celle-ci entrait bien dans le plan initial de l'ouvrage. En outre, une allusion très précise est faite à la *Table* au cœur même du *Livre*, dans un passage précisément consacré à l'émeraude :

> « Il est fort possible que le *jâkût* [c'est-à-dire une variété de corindon] devienne de l'émeraude et l'émeraude du *jâkût*, comme il est possible que l'argent devienne de l'or et le cuivre de l'argent. La transformation de l'un de ces corps en les autres [a lieu] parce que leur racine est une seule [et même] chose, comme je l'ai fait avec l'aide de ce qui était écrit sur la table d'émeraude qui se trouvait devant Hermès, le triple en sagesse, sous la colonne dans la chambre obscure, avec quoi j'ai obtenu les grands trésors. En conséquence [ces corps] se différencient selon

1. U. Weisser ne tranche pas la question (cf. p. 45, n. 36). Sur les critères susceptibles de déterminer si un texte donné est ou non alchimique, voir le rapport de notre cours à la Ve section de l'École Pratique des Hautes Études, à paraître dans l'*Annuaire de l'EPHE, V[e] section (sciences religieuses)*, 1992-1993.

> les propriétés secondaires qui se présentent à eux. Il en est ainsi des pierres tout comme des métaux pour celui qui comprend cela. »[1]

Ce passage permet d'établir non seulement le lien entre la *Table d'émeraude* et le *Livre du secret de la création*, mais aussi le fait que dans cet ouvrage, la *Table d'émeraude* est bel et bien considérée comme un texte alchimique[2]. Notons toutefois que s'il devait s'avérer par des recherches ultérieures que la *Table d'émeraude* ait eu une origine indépendante du *Livre du secret de la création*, la question se poserait à nouveau de savoir non seulement son véritable sens, mais le domaine exact — cosmologique, alchimique ou autre — dont elle relevait initialement.

Reste à comprendre pourquoi c'est l'émeraude, et non une autre pierre, qui se trouve ici associé à la sagesse d'Hermès. Ruska fournit à cette question une réponse simple : « Comme le mercure est le métal d'Hermès — en tant que dieu planétaire —, de même l'émeraude est la pierre d'Hermès. Cela appartient aux caractéristiques d'Hermès, à ses attributs, comme le fer et la pierre de sang appartiennent à Mars, ou le plomb et les pierres noires à Saturne. Il n'est pas utile de se rompre la tête pour savoir s'il existe aussi des émeraudes assez grandes pour recevoir le texte de la *Table d'émeraude*, ou si peut-être la tablette était faite d'une autre pierre verte, comme en débat encore Karl Christoph

1. Ruska, p. 155.
2. Voir la discussion chez U. Weisser, p. 45-46 et n. 45, où l'auteur argumente contre les réserves de Ruska (p. 156) selon lequel le passage sur l'émeraude aurait pu être le fruit d'une interpolation.

Schmieder avec le plus grand sérieux dans sa *Geschichte der Alchemie* [1832] »[1].

L'origine de la *Table d'émeraude* une fois établie, reste à retracer sa fortune. En effet, si le *Livre du secret de la création* contient la plus ancienne version connue de la *Table d'émeraude,* cette dernière apparaît également ailleurs, parfois sous des formes différentes. On a pu récemment montrer que la version de la *Table d'émeraude* repérée dans le corpus attribué au célèbre alchimiste arabe Jâbir ibn Hayyân (VIIIe-Xe siècle) dépendait en dernier ressort du *Livre du secret de la création*[2]. Mais une version différente se trouve dans la version arabe du *Secret des secrets (Sirr al-asrâr)* du pseudo-Aristote (VIIIe siècle), éditée par Martin Plessner en 1927 : nous l'avons reproduite ici[3].

La fortune ultérieure de la *Table d'émeraude* est marquée par son introduction dans l'Occident latin. Dans la première moitié du XIIe siècle, le *Livre du secret de la création* fut traduit en latin par Hugues de Santalla, un traducteur de textes essentiellement astronomiques et astrologiques tel le *Centiloque* de Ptolémée[4]. Mais cette version ne fut guère connue.

1. Ruska, p. 116.
2. U. Weisser, p. 46 (sur l'influence du *Livre du secret de la création* sur Jâbir, cf. p. 70-71). Sur Jâbir et l'alchimie, outre Paul Kraus (*op. cit.*), cf. Pierre Lory, *Alchimie et mystique en terre d'Islam*, Paris : Verdier, 1989.
3. M. Plessner, « Neue Materialien... », p. 99-103. Sur le *Secret des secrets*, voir l'art. de Françoise Fery-Hue dans le *Dictionnaire des lettres françaises. Le Moyen Age*, Paris : Fayard / Le Livre de Poche, 1992, p. 1366b-1370b. Pour d'autres occurrences des versions arabes, voir M. Ullmann, *Die Natur- und Geheimwissenschaften...*, p. 171.
4. U. Weisser, p. 54-55.

Une autre version de la *Table d'émeraude* figure dans le *Liber Hermetis de alchimia (Livre d'alchimie d'Hermès)*, un traité qui remonte sans doute au XIIe siècle [1]. Cette version est très proche de celle qui connut la plus grande diffusion dans l'Occident latin, accompagnée du fameux commentaire d'Hortulain, personnage dont on ne sait pratiquement rien. Compte tenu du fait qu'on ne semble pas connaître de manuscrit de ce dernier antérieur au XIIIe-XIVe siècle [2], le *Liber Hermetis de*

1. Cf. M. Plessner, art. cit., p. 109-110 ; Robert Steele et Dorothea Waley Singer : « The Emerald Table of Hermes », *Proceedings of the Royal Society of Medicine, Section of the History of Medicine*, Londres, 1928.

2. D'après L. Thorndike et P. Kibre, *A Catalogue of Incipits of Mediæval Scientific Writings in Latin*, 2e éd. Londres, 1963, col. 486, le ms. 300 de la Stadtbibliothek de St-Gall, fol. 91v°a-93v°a, est « said to be the oldest MS » (d'après H. Kopp). Sur Hortulain, cf. Ruska, p. 180-203 ; Plessner, art. cit., p. 111-112 ; John Ferguson, *Bibliotheca Chemica*, Glasgow : James Maclehose & Sons, 1906 (repr. Hildesheim-New York : Georg Olms, 1974), I, p. 419-422 et II, p. 157-158 ; D. Lesourd, M. Préaud : « *La Branchette*, texte alchimique du XIVe siècle, édité et transposé par D. Lesourd et M. Préaud », *Anagrom*, 2 (1973), p. 5-30, ici p. 8. Sur le catalogue des œuvres de Jean de Garlande attribué à Boston de Bury, cf. Richard H. Rouse : « Bostonus Buriensis and the Author of the *Catalogus Scriptorum Ecclesiæ* », *Speculum*, 41 (1966), p. 471-499. Ortholanus est cité à la fin du *Textus alkimie* (*inc.* : *Studio namque florenti*...), un traité daté de 1325, malheureusement très encombré de gloses (cf. James Corbett, *Catalogue des manuscrits alchimiques latins*, I : *Manuscrits des bibliothèques publiques de Paris antérieurs au* XVIIe *s.*, Bruxelles : Union Académique Internationale, 1939, p. 67 et 198). S'il s'avérait que cette citation figure dans le texte original, la datation d'Ortholanus serait reculée du milieu du XIVe s. jusqu'à avant 1325.

alchimia paraît être le plus ancien témoin de la version la plus répandue de la *Table d'émeraude*.

Une autre traduction est évidemment celle du *Secret des secrets*, qui non seulement fut traduit en latin, mais fut même commenté par Roger Bacon vers le milieu du XIIIe siècle (avant 1257, selon Robert Steele) [1]. Enfin différentes versions de la *Table d'émeraude* existent en langues vernaculaires, le plus souvent dépendant de la version latine la plus répandue.

La *Table d'émeraude* n'a pas été seulement traduite, mais commentée. Le commentaire d'Hortulain, qui pourrait dater du milieu ou du début du XIVe siècle [2], est de loin le plus connu en ce genre. Nous avons choisi d'ajouter à ce dernier d'autres commentaires, dont on trouvera ci-après les références en bibliographie.

Parmi les traités médiévaux d'alchimie latine attribués à Hermès, le plus connu après la *Table d'émeraude* est *Les Sept chapitres* (*Septem Tractatus* ou *Tractatus aureus*), qui possède peut-être un original arabe [3]. Ce texte édité pour la première fois en 1566 [4] fit lui-même l'objet en 1608 d'un très intéressant commentaire en latin par un alchimiste anonyme originaire d'Orléans, récemment identifié comme le médecin paracelsien

1. Cf. Roger Bacon, *Opera hactenus inedita*, fasc. V : *Secretum Secretorum cum glossis et notulis*, éd. R. Steele, Oxford : Clarendon Press, 1920, p. viii. Cf. George Molland : « Roger Bacon and the Hermetic Tradition in Medieval Science », *Vivarium*, XXXI (1993), p. 140-160.

2. Résumé de Ruska chez Plessner, p. 112. Voir aussi notre note ci-dessus.

3. Ruska, p. 59.

4. *Septem tractatus seu capitula Hermetis Trismegisti, aurei*, dans : *Ars Chemica*, Strasbourg : Samuel Emmel, 1566.

Israël Harvet [1]. Nous donnons ici le texte des *Sept chapitres* dans la traduction française de 1626.

Enfin le *Livre de Cratès* (IXe ou Xe siècle) méritait de prendre place dans le présent recueil. Non seulement la vision qu'il développe offre des ressemblances frappantes avec l'introduction du *Livre du secret de la création* [2], mais il se présente lui-même, quoique écrit par Cratès, comme renfermant l'enseignement secret d'Hermès. L'ouvrage prend la forme d'une lettre adressée par le ministre des finances d'Égypte au roi Kâlid ibn Yazîd, et pose toutes sortes de problèmes d'histoire littéraire. Ruska a émis l'hypothèse qu'il pouvait s'agir d'un texte écrit par un copte de culture grecque, ce qui supprime de fait toutes les difficultés [3].

Dans son parcours de près de deux mille ans d'histoire de l'alchimie, Ruska avait stoppé l'étude de la fortune de la *Table d'émeraude* avec la curieuse figure de Gottlieb Latz, qui publia à ses frais son livre *Die Alchemie* à Bonn, en 1869. L'ouvrage même de Ruska parut en 1926. Il serait aujourd'hui possible d'étendre cette enquête aux dernières décennies du XIXe et jusqu'au XXe siècle : un des aspects les plus significatifs de la fortune de la *Table d'émeraude* serait alors à chercher dans la rencontre, en 1929, du surréalisme et de l'alchimie à travers le *Second manifeste du surréalisme*, à l'endroit même où André Breton lança cette phrase célèbre qui

1. Carlos Gilly : « Zwischen Erfahrung... » (art. cit.), p. 74-75, n. 41. Cf. notre article « Les débuts de Gérard Dorn », note 1, à paraître dans : Joachim Telle (Hrsg.), *Analecta Paracelsica*, Stuttgart : Franz Steiner, 1994.

2. Ruska, p. 51-53.

3. Ruska, p. 52. Cf. Plessner, art. cit., p. 82. Sur le *Livre de Cratès*, voir F. Sezgin, p. 55-56 et surtout M. Ullmann, p. 170.

croise l'un des axiomes fondamentaux de la *Table d'émeraude* : « Tout porte à croire qu'il existe un certain point de l'esprit d'où la vie et la mort, le réel et l'imaginaire, le passé et le futur, le communicable et l'incommunicable, le haut et le bas cessent d'être perçus contradictoirement. Or, c'est en vain qu'on chercherait à l'activité surréaliste un autre mobile que l'espoir de détermination de ce point »[1].

1. André Breton, *Manifestes du surréalisme*, Paris : Jean-Jacques Pauvert, 1972, p. 133-134.

BIBLIOGRAPHIE

— Pseudo-Balînûs (Apollonios de Tyane), *Le Livre du secret de la création* :

Nous avons repris l'ancienne traduction de A.I. Silvestre de Sacy : « Le Livre du secret de la créature, par le sage Bélinous », dans *Notices et extraits des manuscrits de la Bibliothèque Nationale*, t. IV, Paris, An 7 [1799], p. 107-158, ici p. 115-120. Ruska a édité le texte arabe et retraduit le passage en allemand, p. 132-135 (texte arabe) et 135-139 (trad. allemande). Voir aussi les corrections de M. Plessner, p. 77-113, ici p. 91-92 et n. 2.

— *La Table d'émeraude*, version arabe extraite du *Livre du secret de la création* :

Nous traduisons ici la version allemande donnée par Ruska à la suite du texte arabe, p. 159-162, en tenant compte des remarques de M. Plessner, art. cit., p. 103. Signalons l'existence d'une autre traduction plus récente de cette version de la *Table d'émeraude*, due à Vincent Monteil et Yves Marquet, effectuée sur le ms.

arabe 2300 de la Bibliothèque Nationale et publiée dans *L'Alchimie des Philosophes* (textes édités par René Alleau, accompagnant des gouaches de Salvador Dali), Paris : Art et Valeur, s.d. (c. 1976).

— *La Table d'émeraude*, version arabe extraite du *Secret des secrets* du pseudo-Aristote :

Nous traduisons ici la version allemande donnée par Plessner à la suite du texte arabe, p. 100-101.

— *La Table d'émeraude*, version latine extraite du *Livre du secret de la création* traduit de l'arabe par Hugues de Santalla :

Nous traduisons ici la version latine reproduite par Ruska, *op. cit.*, p. 178, en tenant compte de la remarque de M. Plessner, art. cit., p. 111, n. 3.

— *La Table d'émeraude*, version latine extraite du *Secret des secrets* du pseudo-Aristote édité et commenté par Roger Bacon :

Nous traduisons ici le texte établi par Robert Steele dans : *Opera hactenus inedita Rogeri Baconi*, fasc. V : *Secretum Secretorum cum glossis et notulis*, éd. R. Steele, Oxford : Clarendon Press, 1920, p. 114-117.

— *La Table d'émeraude*, version française anonyme versifiée en moyen français (XVe siècle) :

Bologne, Bibl. Univ., ms. 457, b. XXVIII, fasc. 1 (XVe-XVIe s.), fol. 33-39, ici fol. 33v°-34r°. Sur les aventures de cette *Table d'émeraude*, cf. Pierre-Yves Badel : « Alchemical readings of the Romance of the Rose », dans : K. Brownlee, S. Huot (eds.), *Rethinking the « Romance of the Rose » : Text, image, reception*, Philadelphia : University of Pennsylvania Press, 1992, p. 262-285. Une traduction française de cet article doit paraître dans la revue *Chrysopæia*.

— *La Table d'émeraude*, version française anonyme versifiée (XVIe siècle), remaniée par Clovis Hesteau de Nuysement :

Extrait de : Clovis Hesteau de Nuysement, *Traittez de l'harmonie, et constitution generalle du vray sel, secret des Philosophes, & de l'esprit universel du monde* (1621), rééd. La Haye : Théodore Maire, 1639, fol. [6]v°.

— *La Table d'émeraude*, traduction française de la « vulgate » latine avec son *Commentaire* par Hortulain (XIVe siècle) :

Editio princeps : Chrysogonus Polydorus [Andreas Osiander ?] (éd.), *De alchemia*, Nuremberg : Johann Petreius, 1541, p. 363 sqq. (rééd. dans J. Ruska, *Tabula smaragdina*, *op. cit.*, p. 181-186). Trad. fr. dans : *Le Miroir d'alquimie de Rogier Bacon philosophe tres-excellent*, Lyon : Macé Bonhomme, 1557, p. 35-56. Nous donnons ici la version modernisée de la *Bibliotheque des Philosophes Chymiques*, t. I, Paris : Charles Angot, 1672, p. 1-12, en adoptant la graphie actuelle mais en respectant la ponctuation originale, qui restitue le rythme de la langue d'alors.

— Michael Maier, *Atalanta fugiens (La fuyante Atalante)* :

Nous traduisons le latin de Michael Maier, *Atalanta fugiens, hoc est, Emblemata nova de secretis naturæ chymica*, Oppenheim : Theodor de Bry, 1617 (Emblèmes I et II).

— Hermès Trismégiste, *Sept traités ou chapitres dorés* :

Editio princeps : *Septem tractatus seu capitula Hermetis Trismegisti, aurei*, dans : *Ars Chemica*, Strasbourg : Samuel Emmel, 1566. Nous donnons le texte de la trad. fr. de Gabriel Joly, *Trois anciens traictez de la philosophie naturelle*, Paris : Charles Hulpeau, 1626, p. 1-24, en modernisant la graphie mais en respectant la ponctuation de l'époque.

— *Le Livre de Cratès*, traduction française par Octave Houdas du manuscrit arabe 440 de la Bibliothèque Universitaire de Leyde :

Extrait de : Marcellin Berthelot, *Histoire des sciences. La Chimie au Moyen Age*, t. III : *L'Alchimie arabe*, Paris : Imprimerie Nationale, 1893, p. 44-75.

Nous signalerons en outre quelques études sur Hermès et la *Table d'émeraude* :

Sur la présence d'Hermès chez Paracelse, cf. Walter Pagel : « Paracelsus : traditionalism and medieval sources », dans : L.G. Stevenson, R.P. Multhauf (eds.), *Medicine, science and culture. Historical essays in honor of Owsei Temkin*, Baltimore : Johns Hopkins Press, 1968, p. 50-75, ici p. 56-64.

Sur l'utilisation de la *Table d'émeraude* dans les milieux paracelsistes, cf. Joachim Telle : « L'art symbolique paracelsien : remarques concernant une pseudo-*Tabula smaragdina* du XVIe siècle », dans *Cahiers de l'hermétisme : Présence d'Hermès Trismégiste*, Paris : Albin Michel, 1988, p. 184-208.

Antoine Faivre, dans le cadre de son séminaire à la Ve section de l'École Pratique des Hautes Études consacré à l'*Histoire des courants ésotériques et mystiques dans l'Europe moderne et contemporaine*, a entrepris depuis 1987 de prolonger les recherches de Ruska sur la fortune de la *Table d'émeraude* dans les temps modernes (voir ses rapports annuels dans l'*Annuaire de l'EPHE, V*[e] *section (sciences religieuses),* depuis le t. XCVI (1987-1988).

Enfin, sous la direction de Paolo Lucentini se prépare une monumentale collection consacrée à *Hermes latinus* (édition critique des textes hermétiques latins), destinée à être publiée chez Brepols à Turnhout (Belgique) dans le *Corpus Christianorum* (*Continuatio Mediaevalis*, 141-148). L'alchimie occupera le volume VII de la collection, la *Table d'émeraude* en tête.

Nous n'avons pas pu consulter l'ouvrage d'Ingolf Vereno, *Studien zum ältesten alchemistischen Schrifttum,* Berlin : Klaus Schwarz, 1992 (*Islamkundliche Untersuchungen,* 155), qui traite de textes alchimiques arabes inconnus attribués à Hermès.

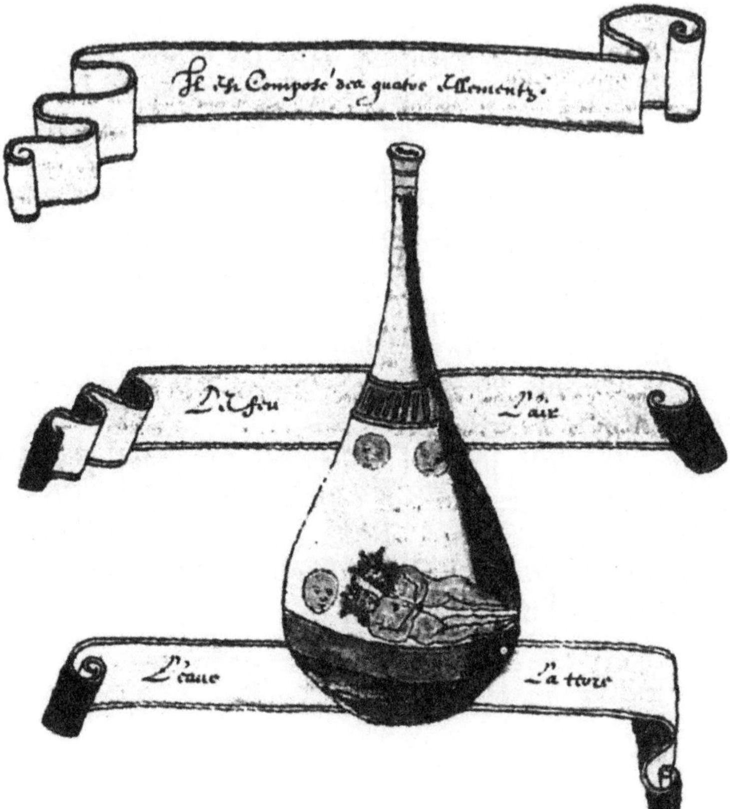

« Le soleil en est le père, la lune est sa mère. »
Clef de la grande science de l'œuvre philosophique d'Arnault de Ville Neufve,
Bologne, Bibl. Univ., ms. 457, b. XXIV,
fasc. 4 (c. 1627), fol. 7v°.

« Le soleil en est le père, la lune est sa mère. »
Alchimie de Flamel par Denis Molinier,
Paris, B.N., m. s. fr. 14765 (XVIIIᵉ s.), p. 316.

« Nostre pierre cherchée de plusieurs, trouvée de peu. »
Arbres et montagnes du soleil et de la lune.
Clef de la grande science de l'œuvre philosophique d'Arnault de Ville Neufve,
Bologne, Bibl. Univ., ms. 457, b. XXIV, fasc. 4 (c. 1627), fol. 54r°.

Le Livre
du secret de la création

par

le pseudo-Apollonios de Tyane

« C'est ici le livre du sage Bélinous [1], qui possède l'art des talismans : voici ce que dit Bélinous. Je vais exposer et développer dans ce livre la science qui m'a été donnée, afin que vous l'entendiez, qu'elle pénètre dans vos esprits, et qu'elle s'insinue jusqu'aux principes de votre être. Si mes paroles en pénétrant dans une âme, mettent en action ses facultés et communiquent le mouvement à ses ressorts naturels, l'homme en qui elles produiront cet effet, jouit de toute la perfection de son être ; sa nature n'est altérée par aucun accident, son âme est exempte des ténèbres qui pourraient former un voile entre elle et la recherche de la science : elle recueillera le fruit de mes paroles à proportion de son degré de force. Les instructions plus faciles qu'elle aura d'abord reçues, la fortifieront et la rendront capable d'acquérir la science, et de porter ses regards sur les variétés infinies de la composition des êtres, et sur les causes de toutes choses. Mais si un homme entendant mes paroles n'en ressent aucune impression, si elles ne mettent pas en mouvement les principes de son être, c'est une marque que ses yeux sont enveloppés de ténèbres ; alors le

1. Bélinous = Apollonios de Tyane, thaumaturge grec du Ier-IIe siècle de notre ère. Voir aussi p. 19.

chaos immense qui sépare ces premières et plus simples instructions des degrés les plus sublimes de la science, sera pour lui un obstacle insurmontable, tel qu'un nuage épais, qui par son ombre obscure intercepte aux yeux même les plus sains, la vue des astres et l'éclat de leur lumière.

Je vous ferai connaître quel est mon nom, afin que vous soyez épris d'amour pour ma science, que vous méditiez mes paroles, que vous les ayez devant les yeux le jour et la nuit, et qu'en en faisant une étude assidue, vous parveniez à connaître le secret de la nature.

Je suis le sage Bélinous, qui possède l'art des talismans et des choses merveilleuses. J'ai reçu du maître de l'univers une science toute particulière, supérieure à la nature, si subtile qu'elle échappe aux accidents de la matière, forte et pénétrante. Par les sens intérieurs qui sont la pensée, la réflexion, l'intelligence, l'esprit et le jugement, j'ai saisi tout ce qui est insensible aux sens extérieurs, et j'ai connu par l'organe des sens extérieurs, tout ce qui tombe sous leur action, les couleurs, les saveurs, les odeurs, les sons et les sensations du toucher. Il n'est aucune créature, soit du nombre des substances spirituelles et subtiles, soit parmi les êtres grossiers et corporels, rien de ce qui peut être saisi par l'organe des sens extérieurs ou intérieurs, dont je ne sois parvenu à connaître la nature, la cause et la formation. Ce livre les pénètre toutes ; semblable à une lance fine et inflexible, il triomphe de tous les obstacles que lui oppose la matière grossière et corporelle.

Maintenant prêtez l'oreille aux instructions que je vais vous donner. Toutes choses sont composées de quatre principes élémentaires, le chaud, le froid, l'humide et le sec. Ce sont là les éléments de tout ce qui existe ; c'est par leur combinaison que toutes choses sont formées ; ils sont combinés les uns avec les autres, de telle manière qu'ils sont tous emportés par le même mouvement de rotation, et ne forment qu'un seul assemblage. Une seule sphère les entraîne dans son mouvement orbiculaire ; la partie la plus élevée de son orbite est semblable à la partie inférieure, et les extrémités, quoique éloignées, n'ont entre elles aucune différence ; car le tout est d'une même substance, d'une même goutte, et ne forme qu'un même corps sans aucune distinction ou différence, jusqu'à ce que les accidents venant à influer sur cette substance, ils la modifient, ses parties se séparent, et il s'en forme des êtres diversifiés entre eux, à raison des différentes combinaisons des principes élémentaires qui concourent à leur formation ; et ces êtres prennent des noms différents, suivant la variété de leur substance et de leurs formes.

De ces différences de combinaisons, il en résulte des rapports de sympathie et d'antipathie entre la substance des différents êtres ; les uns se recherchent, les autres se repoussent réciproquement. Ils se tournent et se portent les uns vers les autres à raison des affinités qui existent entre eux ; ils semblent inviter les êtres qui leur sont semblables, à s'unir à eux, et repousser ceux qui leur sont contraires par l'opposition qu'ils leur témoignent. C'est là le principe fondamental de la science ; c'est en cela que consiste la connaissance de la cause primitive de la variété des êtres.

J'ai exposé ici cette doctrine des rapports de sympathie et d'antipathie des quatre principes élémentaires, afin que cette instruction serve à former et à exercer l'esprit de ceux qui la liront, qu'ils connaissent comment on peut détourner les êtres de leur nature primitive, et qu'ils saisissent les affinités et les oppositions que ces principes ont entre eux. Par là ils seront en état d'entrer dans la connaissance des causes de toutes choses. Cette matière étant ainsi placée à la tête de cet ouvrage, celui qui l'aura une fois bien comprise, connaîtra l'abrégé de toute la science : cette connaissance lui servira de guide pour parvenir à celle de tous les êtres, et il comprendra de quelle manière a été fait tout ce qui existe, et comment la nature a été formée. Je vais maintenant vous apprendre ce qui me concerne en particulier.

J'étais orphelin du peuple de Tuaya [*lire :* Tuana *(Tyane)*], dans une entière indigence et dénué de tout. Il y avait dans le lieu que j'habitais une statue de pierre, élevée sur une colonne de bois ; sur la colonne on lisait ces mots : *Je suis Hermès à qui la science a été donnée ; j'ai fait cet ouvrage merveilleux en public, mais ensuite je l'ai caché par les secrets de mon art, en sorte qu'il ne puisse être découvert que par un homme aussi savant que moi.* Sur la poitrine de la statue on lisait pareillement ces mots écrits en ancien langage : *Si quelqu'un désire connaître le secret de la création des êtres, et de quelle manière a été formée la nature, qu'il regarde sous mes pieds.* On venait en foule voir cette statue, et chacun regardait sous ses pieds sans y rien voir. Pour moi, je n'étais encore qu'un faible enfant ; mais lorsque je fus devenu plus fort, et que j'eus atteint un âge plus avancé, ayant lu les paroles qui étaient sur la poitrine de la statue, j'en compris le sens, et j'entrepris de creuser la terre sous le pied de la colonne. Je découvris un souterrain où régnait une épaisse obscurité, et dans lequel la lumière du soleil ne pouvait pénétrer. Si l'on voulait y porter la lumière d'un flambeau, il était aussitôt éteint par l'agitation des vents qui y soufflaient sans interruption. Je ne trouvais aucun moyen de suivre le sentier que j'avais découvert, à cause des ténèbres qui remplissaient ce souterrain ; et la force des vents qui y soufflaient, ne me permettait pas d'y entrer à la lueur du flambeau. Ne pouvant donc vaincre ces obstacles, je tombai dans la tristesse, et le sommeil s'empara de mes yeux. Tandis que je dormais d'un sommeil inquiet et agité, l'esprit occupé du sujet de ma peine, un vieillard dont la figure ressemblait à la mienne, se présenta devant moi et me dit : Lève-toi, Bélinous, et entre dans cette route souterraine ; elle te conduira à la science des secrets de la créature [*lire :* de la création], et tu parviendras à connaître comment la nature a été formée. Les ténèbres, lui répondis-je, m'empêchent de rien discerner dans ce lieu, et la lumière ne peut résister au souffle des vents qui y règnent. Alors ce vieillard me dit : Bélinous, place ta lumière sous un vase transparent, elle sera ainsi à l'abri des vents qui ne pourront l'atteindre, et elle t'éclairera dans ce lieu ténébreux. Ces paroles firent renaître la joie dans mon âme, je sentis que j'allais jouir de l'objet de mes vœux, et lui adressant la parole : Qui êtes-vous, lui dis-je, vous à qui je suis redevable d'un si grand bienfait ? Je suis, me répondit-il, ton créateur, l'être parfait. En ce moment je me réveillai rempli de joie, et ayant placé une lumière sous un vase transparent, comme il m'avait été ordonné de le faire, j'entrai dans ce souterrain. J'y vis un vieillard assis sur un trône d'or, et qui tenait d'une main une tablette d'émeraude, sur laquelle était écrit : *C'est ici la formation de la nature* ; devant lui était un livre sur lequel on lisait : *C'est ici le secret de la création des êtres, et la science des causes de toutes choses.* Je pris ce livre hardiment et sans crainte, et je sortis de ce lieu. J'appris ce qui était écrit dans ce livre du *Secret de la création des êtres* ; je compris comment la nature avait été formée, et j'acquis la connaissance des causes de toutes choses. Ma science rendit mon nom célèbre ; je connus l'art des talismans et des choses merveilleuses, et je pénétrai les combinaisons des quatre principes élémentaires, leurs différentes compositions, leurs antipathies et leurs affinités. »

La Table d'émeraude

version arabe

extraite du

Livre du secret de la création

I. ⌐حقا حقا⌐ لا شك يقينا صحيحا

II. لان الاعلى من الاسفل و .... من الاعلى

III. عمل العجائب ⌐بتدبير واحد⌐ ⌐كما كانت⌐ الاشياء ⌐من ذلك الجوهر⌐ بتدبير واحد

ما اعجب عمله هو (وهو H) راس الدنيا وقيمها

IV. ابوه الشمس امه القمر حملته الريح فى بطن امه غذته الارض

V. ابو الطلسمات خازن العجائب كامل القوى

VI. نار صارت ارضا

VII. اعزل ... النار اللطيف الحوم من الغليظ برفق وحكم

VIIIa. يصعد من الارض الى السماء وينزل الى الارض VIIIb. وفيه قوة الاعلى والاسفل

VIIIc. ⌐فتكون مسلطا على الاعلى والاسفل⌐ VIIId. الان معك نور الانوار فلذلك تهرب[4] منك[5] الظلمة[6]

IX. فبقوة القوى يغلب كل شئ لطيف ويدخل فى كل شئ غليظ

X. على تكوين العالم الاكبر ....

D'après Julius Ruska, *Tabula Smaragdina. Ein Beitrag zur Geschichte der hermetischen Literatur*, Heidelberg : Carl Winter, 1926, p. 158-159.

I. Vrai, vrai, indiscutable, certain, authentique[1] !

II. Voici, le plus haut vient du plus bas, et le plus bas du plus haut ; une œuvre des miracles par une chose unique.

IIIa. Comme les choses ont toutes pris naissance de cette matière par un procédé unique.

IIId. [Comme son œuvre est merveilleuse ! Il est le principe du monde et celui qui le dirige.][2]

1. La numérotation des versets, introduite par Julius Ruska à partir de la version latine de la *Table d'émeraude* dans son livre *Tabula smaragdina* et suivie par Martin Plessner (voir la bibliographie en tête de ce volume), permet d'établir des comparaisons serrées entre les différentes versions existantes de la *Table d'émeraude*.

2. Les versets numérotés 3b et 3c par Ruska ne sont que des variantes du verset 3a, plus ou moins redondantes : c'est pourquoi nous ne les donnons pas. Quant au verset 3d, il ne figure que dans deux des cinq manuscrits utilisés par Ruska. Plessner le commente ainsi : « Nous voyons déjà là à l'œuvre l'interprétation monothéiste de la *Table d'émeraude*, qui apparaît de façon particulièrement marquante dans la traduction latine du *Secret des secrets*, à laquelle il faut sans doute également imputer le *meditatione unius* ».

IV. Son père est le soleil, sa mère la lune ; le vent l'a porté dans son ventre, la terre l'a nourri.

V. Il est le père des enchantements, il veille sur les miracles, parfait en forces ; l'éveilleur des lumières.

VI. Un feu qui devient terre...

VII. Ôte la terre du feu, le subtil du grossier, avec prudence et art.

VIIIa. Il monte de la terre au ciel et s'empare des lumières d'en haut, puis il redescend sur la terre.

VIIIb. Et en lui est la force du plus haut et du plus bas.

VIIIc. Tu deviendras ainsi le maître du plus haut et du plus bas.

VIIId. Car avec toi est la lumière des lumières, aussi les ténèbres fuiront-elles devant toi.

IX. Avec la force des forces tu surmonteras toute chose subtile, tu pénétreras toute chose grossière.

X. Conformément à l'origine du grand monde [l'œuvre prend son origine, et c'est ma gloire] [1].

XII. Aussi ai-je été appelé Hermès triple en sagesse.

1. Le manuscrit de base utilisé par Ruska ne comporte que la première partie de la phrase. Variantes du passage entre crochets : 1° « ... le petit monde prend son origine, et c'est ma gloire ». 2° « ... est l'origine du petit monde, et les savants procèdent ainsi ». C'est cette dernière variante qui est à l'origine du verset 11 de la version latine : « De là seront d'admirables adaptations, dont le moyen est ici ».

La Table d'émeraude

version arabe

extraite du

Secret des secrets du pseudo-Aristote

ولقد احسن ابونا هرمس المثلث حين قال

I. حقا يقينا لا شك فيه

II. ان الاسفل من الاعلى والاعلى من الاسفل

III. عمل العجائب من واحد بتدبير واحد كما نشأت الاشياء من جوهر واحد

IV. ابوه الشمس وامه القمر حملته الريح فى بطنها وغذته الارض بلبانها

V. ابو الطلسمات خازن العجائب كامل القوى

VI. نار صارت ارضا

VII. اعزل الارض من النار اللطيف أكرم من الغليظ برفق وحكمة

VIIIa. يصعد من الارض الى السماء ويهبط الى الارض .VIIIb فيقبل قوة الاعلى والاسفل .VIIId لان معك نور الانوار فلهذا تهرب عنك الظلمة

IX. قوة القوى تغلب كل شىء لطيف يدخل على كل شىء كثيف

X. على تقدير العالم الاكبر

XII. هذا فخرى ولهذا سميت هرمس المثلث بالحكمة.

D'après Martin Plessner : « Neue Materialien zur Geschichte der Tabula Smaragdina », *Der Islam*, XVI (1927), p. 77-113, ici p. 99-100.

I. Vrai, certain, sans nul doute.

II. L'inférieur appartient au supérieur, et le supérieur appartient à l'inférieur.

III L'œuvre des miracles vient d'une chose unique par un unique procédé, tout comme les choses proviennent d'une matière unique.

IV. Son père est le soleil, et sa mère est la lune. Le vent l'a porté dans son ventre, et la terre l'a nourri de son lait.

V. Il est le père des talismans, le gardien des miracles, parfait en forces.

VI. Le feu devient terre.

VII. Ôte la terre du feu — le subtil est plus noble que le grossier — avec prudence et sagesse.

VIIIa. Il monte de la terre au ciel et retombe sur la terre. De là [1] il reçoit la force du supérieur et de l'inférieur. La lumière des lumières étant avec toi, devant toi fuiront les ténèbres.

1. Ou : « Car » (variante de Plessner dans sa version allemande).

IX. Il est la force des forces, qui surmonte toute chose subtile ; il pénètre toute chose épaisse.

X. Tout cela se produit selon la disposition du macrocosme.

XII. C'est ma gloire, et c'est pourquoi j'ai été nommé Hermès triple en sagesse.

La Table d'émeraude

version latine

du

Livre du secret de la création

traduit de l'arabe

par Hugues de Santalla

[...] *Tels sont en effet les secrets d'Hermès qui, pour les soustraire aux hommes moins savants, s'est fait enterrer avec eux en les tenant inscrits entre ses mains et en érigeant en outre une statue : de la sorte, l'accès en a été refusé à tous les hommes moins pourvus en matière de jugement. Quiconque cherchera à étudier sérieusement ces secrets obtiendra, entre tous ses contemporains, la première place dans toute la philosophie.*

Telles sont les paroles qu'Apollonius a transcrites à la fin de son livre sans aucune explication. Il dit, en effet : Entrant dans une crypte souterraine, j'y trouvai une tablette d'émeraude dans les mains d'Hermès, écrite avec cette vérité compliquée dans les mots :

II. Les choses supérieures [proviennent] des inférieures, les inférieures des supérieures [1].

1. Comme le fait remarquer Ruska, les premiers mots de la version courante de la *Table d'émeraude* ont été intégrés par Hugues de Santalla à la fin du récit de la découverte de la *Table*, traduits de la façon suivante : « avec cette vérité compliquée dans les mots » *(hac verborum intricata veritate)*. Dans cette version de la *Table d'émeraude*, nous reprenons l'initiative de Ruska consistant à mettre en italiques les mots ou les passages mal compris par Hugues de Santalla.

III. L'opération des prodiges vient d'un seul, de même que toutes choses tirent leur origine d'un seul et même par une seule et même exécution d'un plan.

IV. Son père est le soleil, et sa mère est la lune. Le vent les a *élevés* dans son *corps*, la terre *se fait plus douce.*

V. *La voix* donc [...] [1] *fils* de prestiges, *fabricants* de prodiges.

VI. Menés à perfection *par le discernement.* Si la terre devient [...] [2] à partir du feu subtil.

VIIa. Lui qui *surpasse* toute grossièreté [matérielle] et tout ce qui est émoussé.

VIIb. *Étendu* et par la prudence et par l'industrie de la sagesse.

VIIIa. Il a élevé de la terre, il montera vers le ciel, il retombe du ciel en terre.

VIIIc. Contenant la force et la puissance des choses supérieures et des choses inférieures.

VIIId. De là toute obscurité est par lui illuminée.

IX. C'est-à-dire que sa puissance surpasse toute chose subtile, et pénètre toute chose grossière.

1. Lacune.
2. *Si terra fiat eam ex igne subtili :* début de phrase agrammatical ; on ne peut traduire *eam.*

X. Et cette *opération* demeurera dans la composition du macrocosme.

XII. À savoir, qu'Hermès est appelé philosophe [selon] sa triple sagesse ou sa triple science.

La Table d'émeraude

version latine

du

Secret des secrets du pseudo-Aristote

éditée et commentée

par

Roger Bacon

Le Secret des secrets

Pour commencer, ô Alexandre, je veux t'enseigner le plus grand secret des secrets, et la puissance divine t'aidera à réaliser ton dessein, et à cacher cet arcane. Prends donc une pierre animale[a]*, végétale et minérale, qui n'est pas une pierre et qui n'a pas la nature d'une pierre. Et cette pierre ressemble, d'une certaine façon, aux pierres que l'on trouve dans les filons, dans les plantes et dans les animaux; et on la trouve dans n'importe quel lieu, dans n'importe quel temps et dans n'importe quel homme. Elle peut prendre n'importe quelle couleur. Elle contient en elle tous les éléments. On l'appelle microcosme. Et moi, je l'appellerai du nom que lui donne le vulgaire, c'est-à-dire du nom d'œuf, autrement dit, je l'appellerai œuf des philosophes.*

Divise donc cet œuf en quatre parties; et chaque partie correspond à une nature.

Ensuite, compose cet œuf en usant d'égalité et de proportion, de telle sorte qu'il n'y ait en lui ni division ni opposition, et tu auras réalisé ce que tu cherchais, si Dieu le permet.

Cette méthode est universelle, mais je vais la diviser pour toi en opérations spéciales.

Divise donc [cet œuf] en quatre, et avec deux [parties] la méthode s'accomplit bien et sans corruption.

Quand donc tu auras obtenu de l'eau à partir de l'air,

COMMENTAIRE

(a) Tous les auteurs, à cause de la grandeur des secrets, cachent la science d'alchimie par des mots et des opérations métaphoriques et figuratifs, et c'est Dieu qui le leur a inspiré, pour que seuls les plus sages et les meilleurs d'entre les hommes connaissent cette science, pour réaliser le bien de l'État. La pierre donc est prise, pour commencer, métaphoriquement pour tout ce sur quoi on entreprend l'opération de l'alchimie. Et cela peut être une chose minérale, comme le soufre et l'arsenic, mais mieux vaut une chose végétale, comme des fruits, un morceau d'arbre ou des herbes ; mais ce qui est le meilleur, ce sont les choses animales, comme du sang, un œuf et des cheveux, et tout particulièrement des parties du corps humain, et parmi elles, le sang, dans lequel à l'œil nu on peut distinguer les quatre humeurs, à savoir : le flegme, la bile jaune, le sang et la bile noire. L'alchimiste, donc, cherche à séparer ces humeurs entre elles et à purifier chacune de chaque autre. Et lorsque, au moyen de difficiles opérations, ces [humeurs] ont été ramenées à des corps simples et purs, alors elles sont mélangées au moyen d'une proportion secrète mais parfaitement certaine ; on y ajoute du vif-argent, une fois qu'il aura été mortifié et plusieurs fois sublimé. De même, [on y ajoutera] de la chaux ou de la poudre d'un métal vil, grâce à quoi il deviendra plus noble. Et semblablement [avec la poudre d'un métal] plus noble. Ensuite, qu'on les incorpore jusqu'à ce qu'ils forment un unique corps. Et alors on projette sur un métal un métal plus vil, et il devient plus noble. Mais dans toutes ces choses, les opérations sont extrêmement difficiles et coûtent énormément, et seuls les plus savants et les riches peuvent parvenir à ces opérations. Et par là, voilà expliqué le chapitre. Et par bile jaune il désigne le feu, parce qu'il domine en elle ; et l'humeur aérienne qui tient lieu de sang dans les êtres inanimés, il l'appelle air ; et le flegme, ce en quoi domine l'eau ou qui l'a en abondance, il l'appelle eau ; et la bile noire, dans laquelle domine la terre, il l'appelle terre. Et cela est dit figurativement, selon la propriété de cette science. *(Cette glose, comme toutes les suivantes, provient du manuscrit.)*

de l'air à partir du feu, du feu à partir de la terre, à ce moment tu posséderas pleinement l'art.

Travaille donc cette substance aérienne par discrétion[b]*, et travaille la substance terreuse par l'humidité et la chaleur*[c]*, jusqu'à ce que ces deux substances se rassemblent et s'unissent et qu'elles ne soient plus en désaccord ni séparées.*

Ajoute-leur, alors, les deux puissances opératives, l'eau et le feu, et à ce moment l'œuvre sera achevée.

En effet, si tu laisses l'eau seule, elle sera blanchie[d]*, et si tu y joins le feu*[e]*, elle rougira*[f]*, si le Seigneur le permet.*

Et notre père, Hermogène qui est triple[g] *en philosophie, prophétisant d'une manière excellente, a dit :*

I. La vérité se présente ainsi et il n'y a pas de doute,

II. que les inférieures ne correspondent aux supérieures, et les supérieures aux inférieures.

III. L'opérateur des miracles est le seul Dieu unique, de qui provient toute opération miraculeuse. C'est ainsi que toutes choses sont engendrées à partir d'une seule substance, dans une seule disposition.

IV. Ces choses ont pour père le soleil, et pour mère la lune, elle qui a porté la nature même à travers l'air dans son sein ; la terre est imprégnée par elle.

V. De là vient que le soleil est appelé le père de ce qui résulte de l'action d'une cause, le trésor des miracles et le dispensateur des vertus.

(b) C'est-à-dire par des méthodes propres et séparées, qui sont enseignées dans cet art.
(c) Parce que [cette substance] doit être usée et lavée par des eaux aiguës, et être grillée par la chaleur du feu ou du soleil.
(d) C'est-à-dire, elle deviendra de l'argent.
(e) C'est-à-dire si tu joins [le feu] à l'eau, à l'air et à la terre.
(f) C'est-à-dire, elle deviendra de l'or.
(g) Triple parce qu'il a fait [la philosophie triple], à savoir naturelle, morale et métaphysique ; et l'alchimie rentre sous la philosophie naturelle.

III. *de qui provient* : Par la création et l'administration universelle du monde.
toutes choses : Évidemment les choses naturelles.
d'une seule substance : Évidemment céleste.

IV. *le soleil* : Évidemment engendrant et produisant en-dessous de Dieu.
la lune : « C'est ainsi que toutes choses » : c'est-à-dire les choses naturelles. Ce [texte] peut s'interpréter alchimiquement et figurativement de l'or et de l'argent, parce que dans les affaires humaines temporelles tout se fait par l'intermédiaire de l'or et de l'argent. Par suite, par « soleil » on peut entendre l'or, et par « lune », l'argent, et tel est le mode [de parler] habituel des alchimistes. Et la terre, en ce qui concerne les affaires humaines, est imprégnée et fécondée par l'argent, et l'or est père de miracles, etc., c'est-à-dire : par [l'or] se font des miracles dans les affaires humaines.
dans son sein : Évidemment, parce que c'est la terre.
imprégnée par elle : Parce que les propriétés naturelles des choses dépendent de la vertu de la lune. En effet, de même qu'elle croît et décroît, de même toutes les choses d'ici-bas connaissent croissance et décroissance selon leurs propres modes. Et comme la lune est plus proche de la terre, par suite elle reçoit les vertus de toutes les autres étoiles avec la sienne propre. Par suite, elle est comme une sorte de ventre plein de fécondité et de produits, dont la terre est imprégnée, c'est-à-dire qu'elle reçoit de la lune vertu et produit, et elle produit une infinité de choses.

V. *de là* : c'est-à-dire semblablement.

VI. La terre a été faite à partir du feu.

VII. Sépare le terrestre de l'igné, parce que le subtil est plus digne que le grossier, et le rare que le dense. Fais-le d'une manière savante et avec discernement.

VIIIa. En effet, il monte de la terre vers le ciel, et il se précipite du ciel sur la terre.

VIIIb. Et de là, il détruit la vertu supérieure et inférieure.

VIIIc. C'est ainsi que l'on domine sur les [choses] inférieures et sur les [choses] supérieures, et toi tu domineras en haut et en bas,

VIIId. car est avec toi la lumière des lumières, et c'est pour cette raison que te fuiront les ténèbres.

IX. La vertu supérieure vainc toutes choses. En effet, tout [corps] rare agit sur tout [corps] dense.

X. Et cette opération se déroule selon la disposition du macrocosme,

XII. et c'est pour cette raison qu'Hermogène est appelé triple en philosophie.

VI. *La terre* : c'est-à-dire, la bile noire.
du feu : c'est-à-dire, de la bile jaune.
Faite à partir du feu : il y a un sens alchimique sous ces façons de parler figuratives, qui sont exposées ici brièvement comme toutes les données de ce chapitre, parce que l'on en trouve une explication considérable dans les livres d'alchimie. On ne pourrait en aucune façon tirer de là un enseignement de science à cause de leur prolixité, et cela ne convient pas, à cause de la grandeur des secrets.

VII. *de l'igné* : C'est-à-dire : par séparation de la terre par rapport au feu.

VIIIa. *du ciel sur la terre* : Autrement dit par distillation et sublimation jusqu'au sommet des vases, et ensuite on recueille [le produit] au fond des vases, parce que sublimations et distillations de la même chose se font à plusieurs reprises.

VIIIb. *il détruit* : C'est-à-dire que l'opération détruit alchimiquement, autrement dit elle corrompt et fait changer les qualités sensibles des choses, c'est-à-dire la vertu inférieure, la chose même sur laquelle on opère, laquelle est d'abord en bas dans des vases convenables et, ensuite, est sublimée et distillée et ainsi devient supérieure ; et c'est ainsi qu'elle est détruite, c'est-à-dire qu'elle est corrompue et changée, passant de qualités viles à des qualités nobles.

VIIIc. *que l'on domine* : C'est-à-dire, par cette science et par cette opération d'alchimie.

VIIId. *la lumière des lumières* : C'est-à-dire le livre qu'il a composé pour celui qui est appelé lumière des lumières, dans lequel il expose avec plus de clarté cette science de l'alchimie.

IX. *vainc toutes choses* : C'est-à-dire l'opération virtuose de cet art, par lequel il dépasse et vainc tout ce qui se fait ici-bas.

La Table d'émeraude

version française anonyme

versifiée

en moyen français

(XVe siècle)

I. *Unne choze sanz point de fable*
Et certainne tres veritable

II. *Ce que est par dessus resnable*
Samble ce que est jus estable[1]
Et ce dessouz si est sambable
A ce qui est tessus menable[2]
A empetrer a la parcloze[3]
Miracle d'une soule choze

III. *Si com d'un coutez chozes furent*
Et par la penssee d'un crurent
Si com il sont trestoutes nees
De ceste choze et d'un crees

IV. *Li biaus soloil si est son peire*
Et la lune si est sai meire
Le vent en son ventre l'enserre
Sa norrice si est la terre

1. *Resnable* : raisonnable. — *Jus* : en bas, par terre *(≠ sus)*. — *Estable* : stable.
2. *Sambable* : semblable. — *Tessus* : dessus. — *Menable* : durable, permanent, éternel.
3. *Empetrer* : obtenir. — *A la parcloze* : à la fin.

V. *Le peire dou trezour dou monde*
Et dez secretz ici se fonde
Sa force si est toute entiere

VI. *S'elle retorne a terre arriere*

VII. *La terre severras*[1] *dou feu*
Par engin et par soutil[2] *lieu*
Souevement le gros depart[3]
Et lez soutil tien a ta pairt

VIII. *Ors montera de terre es cielz*
Et descendra voiant[4] *tez eulz*
Et tiendra sa vertu souvreine
Avec la force terriene
Ensi aurais[5] *toute la gloire*
De tout le monde et la victoire
Pour ce te fuira occulté[6]
Et toute autre maleürté[7]

IX. *C'est dez forces toute la force*
Ou chescun se peine et enforce
Soutilles chozes veincera[8]
Et les dures transpercera

X. *Si com li mondes est criez*[9]

1. *Sev(e)rer* : séparer.
2. *Engin* : adresse. — *Soutil* : subtil.
3. *Souevement* : doucement. — *Départir* : séparer.
4. *Voiant* : devant.
5. *Aurais* : auras.
6. *Occulté* : obscurité.
7. *Maleürté* : malheur.
8. *Veincera* : vaincra.
9. *Criez* : créé.

XI. *De ce seront edefiez*
Molt de merveilles convenables
Dont lez raisons sont si notables

XII. *J'ay nom Hermes de m'enfance*
En qui trois parz de sapience
De tout le monde monteplie[1]
D'ou l'uvre[2] *d'or est acomplie.*

1. *Monteplie* : il s'agit du verbe *molteplier* (= multiplier, ou ici, cumuler).
2. *L'uvre* : l'œuvre.

La Table d'émeraude

version française anonyme

versifiée

(XVIe siècle)

remaniée

par

Clovis Hesteau de Nuysement

(1621)

SONNET

C'est un point assuré plein d'admiration,
Que le haut & le bas n'est qu'une même chose :
Pour faire d'une seule en tout le monde enclose,
Des effets merveilleux par adaptation.

D'un seul en a tout fait la méditation,
Et pour parents, matrice, & nourrice, on lui pose
Phœbus, Diane, l'air, & la terre, où repose
Cette chose en qui gît toute perfection.

Si on la mue en terre elle a sa force entière :
Séparant par grand art, mais facile manière,
Le subtil de l'épais, & la terre du feu.

De la terre elle monte au Ciel, & puis en terre,
Du Ciel elle descend, recevant peu à peu,
Les vertus de tous deux qu'en son ventre elle enserre.

La Table d'émeraude

traduction française de la « vulgate » latine

avec son

Commentaire

par Hortulain

(XIVe siècle)

TABVLA SMARAGDINA HERMETIS TRISmegisti περὶ χημείας. Incerto interprete.

VErba Secretorū Hermetis, q̄ scripta erāt in tabula Smaragdi, inter manus eius inuenta, in obscuro antro, in q̊ humatum corpus eius repertū est. Verū sine mendacio, certū, & uerissimū. Quod est inferius, est sicut q̊d est superius. Et q̊d est superius, est sicut q̊d est inferius, ad ꝑpetrāda miracula rei unius. Et sicut oēs res fuerūt ab uno, meditatiōe unius. Sic oēs res natæ fuerūt ab hac una re, adaptatiōe. Pater eius est Sol, mater eius Luna. Portauit illud uentus in uētre suo. Nutrix eius terra est. Pater omnis telesmi totius mūdi est hic. Vis eius integra est, si uersa fuerit in terrā. Separabis terrā ab igne, subtile à spisso, suauit' cū magno ingenio. Ascendit à terra in cœlū, iterumq́ꝫ descēdit in terrā, & recipit uim superiorū & inferiorū. Sic habebis gloriā totius mundi. Ideo fugiet à te omnis obscuritas. Hic est totius fortitudinis fortitudo fortis, q̃a uincet omnem rem subtilem, omnemq́ꝫ solidam penetrabit. Sic mundus creatus est. Hinc erunt adaptationes mirabiles, quarū modus hic est. Itaqꝫ uocatus sum Hermes Trismegistus, habens tres partes philosophiæ totius mundi. Completū est, q̊d dixi de operatiōe Solis.

Édition originale du texte latin de la *Tabula smaragdina* :
La Table d'émeraude d'Hermès Trismégiste sur l'alchimie, par un traducteur inconnu.
« Secrets d'Hermès qui étaient écrits en ces termes sur la table d'émeraude trouvée entre ses mains dans un antre obscur où fut découvert son corps inhumé. »

Extrait de : Chrysogonus Polydorus [Andreas Osiander ?] (éd.), *De alchemia*, Nuremberg : Johann Petreius, 1541, p. 363.

La Table d'émeraude

d'Hermès Trismégiste père des philosophes

I. Il est vrai sans mensonge, certain & très véritable.

II. Ce qui est en bas, est comme ce qui est en haut : & ce qui est en haut, est comme ce qui est en bas, pour faire les miracles d'une seule chose.

III. Et comme toutes les choses ont été, & sont venues d'un, par la méditation d'un : ainsi toutes les choses ont été nées de cette chose unique, par adaptation.

IV. Le soleil en est le père, la lune est sa mère, le vent l'a porté dans son ventre ; la terre est sa nourrice.

V. Le père de tout le *telesme* de tout le monde est ici. Sa force ou puissance est entière,

VI. si elle est convertie en terre.

VII. Tu sépareras la terre du feu, le subtil de l'épais doucement, avec grande industrie.

VIII. Il monte de la terre au ciel, & derechef il descend en terre, & il reçoit la force des choses supérieures & inférieures. Tu auras par ce moyen la gloire de tout le monde ; & pour cela toute obscurité s'enfuira de toi.

IX. C'est la force forte de toute force : car elle vaincra toute chose subtile, & pénétrera toute chose solide.

X. Ainsi le monde a été créé.

XI. De ceci seront & sortiront d'admirables adaptations, desquelles le moyen en est ici.

XII. C'est pourquoi j'ai été appelé Hermès Trismégiste, ayant les trois parties de la philosophie de tout le monde. Ce que j'ai dit de l'opération du soleil est accompli, & parachevé.

Explication de la Table d'émeraude

par

Hortulain

PRÉFACE

Louange, honneur & gloire vous soit à jamais rendue, ô Seigneur Dieu tout-puissant ! avec votre très cher fils, notre sauveur Jésus Christ, vrai Dieu & seul, homme parfait, & le Saint Esprit consolateur, Trinité sainte, qui êtes le seul Dieu, je vous rends grâces de ce qu'ayant eu la connaissance des choses passagères de ce monde notre ennemi, vous m'en avez retiré par votre grande miséricorde, afin que je ne fusse pas perverti par ses voluptés trompeuses. Et parce que j'en voyais plusieurs de ceux qui travaillent à cet art, qui ne suivent pas le droit chemin ; je vous supplie, ô mon Seigneur, & mon Dieu ! qu'il vous plaise que je puisse détourner de cette erreur par la science que vous m'avez donnée, mes très chers & bien-aimés ; afin qu'ayant connu la vérité, ils puissent louer votre saint Nom qui est béni éternellement.

Moi donc Hortulain, c'est-à-dire jardinier, ainsi appelé à cause des jardins maritimes, indigne d'être appelé disciple de philosophie, étant ému par l'amitié que je porte à mes très chers, j'ai voulu mettre en écrit la déclaration & explication certaine des paroles d'Hermès, père des philosophes, quoiqu'elles soient obscures ; & déclarer sincèrement toute la pratique de la véritable œuvre. Et certes il ne sert de rien aux philosophes de vouloir cacher la science dans leurs écrits, lorsque la doctrine du Saint Esprit opère.

CHAPITRE PREMIER

L'art d'alchimie est vrai & certain.

Le philosophe dit : *Il est vrai*, à savoir que l'art d'alchimie nous a été donné. *Sans mensonge*, il dit cela pour convaincre ceux qui disent que la science est mensongère, c'est-à-dire, fausse. *Certain*, c'est-à-dire expérimenté, car tout ce qui est expérimenté est très certain. *Et très véritable*, car le très véritable soleil est procréé par l'art.

Il dit très véritable au superlatif, parce que le soleil engendré par cet art, surpasse tout soleil naturel en toutes propriétés, tant médicinales qu'autres.

CHAPITRE II

La pierre doit être divisée en deux parties.

Ensuite il touche l'opération de la pierre disant *Que ce qui est en bas est comme ce qui est en haut*. Il dit cela parce que la pierre est divisée en deux parties principales, par le magistère ; savoir en la partie supérieure qui monte en haut, & en la partie inférieure qui demeure en bas fixe & claire. Et toutefois ces deux parties s'accordent en vertu. C'est pourquoi il dit, *Et ce qui est en haut est comme ce qui est en bas.* Certainement cette division est nécessaire. *Pour faire les miracles d'une chose.* C'est-à-dire de la pierre ; car la partie inférieure c'est la terre, qui est la nourrice & le ferment ; & la partie supérieure c'est l'âme, laquelle vivifie toute la pierre, & la ressuscite. C'est pourquoi la séparation, & la conjonction étant faites, beaucoup de miracles viennent à se faire en l'œuvre secrète de nature.

CHAPITRE III

La pierre a en soi les quatre éléments.

Et comme toutes choses ont été & sont venues d'un par la méditation d'un. Il donne ici un exemple disant ; comme toutes choses ont été & sont sorties d'un, c'est à savoir, d'un globe confus, ou d'une masse confuse, *par la méditation*, c'est-à-dire, par la pensée & création *d'un*, c'est-à-dire, de Dieu tout-puissant. *Ainsi toutes choses sont nées.* C'est-à-dire, sont sorties, *de cette chose unique*, c'est-à-dire d'une masse confuse, *par adaptation* ; c'est-à-dire, par le seul commandement & miracle de Dieu. Ainsi notre pierre est née & sortie d'une masse confuse, contenant en soi tous les éléments, laquelle a été créée de Dieu, & par son miracle, notre pierre en est sortie & née.

CHAPITRE IV

La pierre a père & mère, qui sont le soleil & la lune.

Comme nous voyons qu'un animal engendre naturellement plusieurs autres animaux semblables à lui : ainsi le soleil artificiellement engendre le soleil par la vertu de la multiplication de la pierre. C'est pourquoi il s'ensuit, *Le soleil en est le père*, c'est-à-dire l'or des philosophes. Et pour ce qu'en toutes générations naturelles, il doit y avoir un lieu propre à recevoir les semences, avec quelque conformité de ressemblance en partie ; ainsi faut-il qu'en cette génération artificielle de la pierre, le soleil ait une matière qui soit comme une matrice propre à recevoir son sperme & sa teinture. Et cela c'est l'argent des philosophes. Voilà pourquoi il s'ensuit, *& la lune en est la mère.*

CHAPITRE V

La conjonction des parties est la conception & la génération de la pierre.

Quand ces deux se recevront l'un l'autre en la conjonction de la pierre, la pierre s'engendre au ventre du vent, & c'est ce qu'il dit puis après, *Le vent l'a porté en son ventre.* On sait assez que le vent est air, & l'air est vie, & la vie est l'âme, de laquelle j'ai déjà dit ci-dessus, qu'elle vivifie toute la pierre. Ainsi il faut que le vent porte toute la pierre, & la rapporte, & qu'il engendre le magistère. C'est pourquoi il s'ensuit qu'il doit recevoir aliment de sa nourrice, c'est à savoir de la terre. Aussi le philosophe dit : *La terre est sa nourrice.* Car de même que l'enfant sans l'aliment qu'il reçoit de sa nourrice ne parviendrait jamais en âge : aussi notre pierre ne parviendrait jamais en effet sans la fermentation de la terre ; & le ferment est appelé aliment. Ainsi s'engendre d'un père avec la conjonction de sa mère, *la chose,* c'est-à-dire, les enfants semblables aux pères ; lesquels, s'ils n'ont la longue décoction, seront faits semblables à la mère, & retiendront le poids du père.

CHAPITRE VI

La pierre est parfaite si l'âme est fixée dans le corps.

Après il s'ensuit, *le père de tout le telesme du monde est ici*, c'est-à-dire, en l'œuvre de la pierre il y a une voie finale. Et notez que le philosophe appelle l'opération *le père de tout le telesme*, c'est-à-dire, de tout le secret ou trésor, *de tout le monde*; c'est à savoir de toute pierre qu'on a pu trouver en ce monde. *Est ici.* Comme s'il disait, Voici je te le montre. Puis le philosophe dit, Veux-tu que je t'enseigne quand la force de la pierre est achevée & parfaite ? C'est quand elle sera convertie & changée en sa terre. Et pour ce dit-il, *sa force & puissance est entière*, c'est-à-dire, parfaite & complète, *si elle est convertie & changée en terre.* C'est-à-dire, si l'âme de la pierre (de laquelle a été fait ci-dessus mention, que l'âme est appelée vent, & air, en laquelle est toute la vie & la force de la pierre) est convertie en terre, c'est à savoir de la pierre, & qu'elle se fixe en telle sorte que toute la substance de la pierre soit si bien unie avec sa nourrice (qui est la terre) que toute la pierre soit trouvée & convertie en ferment. Et comme lorsque l'on fait du pain, un petit de levain nourrit & fermente une grande quantité de pâte : & en cette sorte change toute la substance de la pâte en ferment : aussi veut le philosophe que notre pierre soit tellement fermentée qu'elle serve de ferment à sa propre multiplication.

CHAPITRE VII

La mondification de la pierre.

Ensuite il enseigne comme la pierre se doit multiplier; mais auparavant il met la mondification d'icelle & la séparation des parties, disant : *Tu sépareras la terre du feu, le subtil de l'épais, doucement avec grande industrie.* Doucement c'est-à-dire peu à peu, non pas par violence, mais avec esprit & industrie, c'est à savoir au fient ou fumier philosophal. *Tu sépareras*, c'est-à-dire, dissoudras; car la dissolution est la séparation des parties. *La terre du feu, le subtil de l'épais*, c'est-à-dire la lie & l'immondicité du feu, & de l'air, & de l'eau, & de toute la substance de la pierre, en sorte qu'elle demeure entièrement sans ordure.

CHAPITRE VIII

La partie non fixe de la pierre doit séparer la partie fixe & l'élever.

La pierre étant ainsi préparée, elle se peut lors multiplier. Il met donc maintenant la multiplication, & il parle de la facile liquéfaction ou fusion d'icelle par la vertu qu'elle a d'être entrante & pénétrante dans les corps durs & mols, disant : *Il monte de la terre au ciel, & derechef descend en terre.* Il faut bien remarquer ici, que quoique notre pierre en sa première opération se divise en quatre parties, qui sont les quatre éléments : néanmoins (ainsi qu'il a été dit ci-dessus) il y a deux parties principales en elle ; une qui monte en haut, qui est appelée la non fixe, ou la volatile ; & l'autre qui demeure en bas fixe, qui est appelée la terre ou ferment, comme il a été dit. Mais il faut avoir grande quantité de la partie non fixe, & la donner à la pierre, quand elle est très nette & sans ordure, & il lui en faut donner tant de fois par le magistère, que toute la pierre, par la vertu de l'esprit, soit portée en haut, la sublimant & la faisant subtile. Et c'est ce que dit le philosophe : *Il monte de la terre au ciel.*

CHAPITRE IX

La pierre volatile doit derechef être fixée.

Après tout cela, il faut incérer [1] cette même pierre (ainsi exaltée & élevée, ou sublimée) avec l'huile, qui a été tirée d'elle en la première opération, laquelle est appelée l'eau de la pierre. Et il la faut tourner si souvent en sublimant, jusqu'à ce que par la vertu de la fermentation de la terre (avec la pierre élevée ou sublimée) toute

1. *Incérer* : amener à la consistance de la cire.

la pierre par réitération descende du ciel en terre, demeurant fixe & fluente. Et c'est ce que dit le philosophe, *Et derechef descend en terre. Et* ainsi, *Elle reçoit la force des choses supérieures*, en sublimant ; *& des inférieures*, en descendant ; c'est-à-dire, que ce qui est corporel, sera fait spirituel dans la sublimation, & le spirituel sera fait corporel dans la *descension*, ou lorsque la matière descend.

CHAPITRE X

Utilité de l'art & efficace de la pierre.

Tu auras par ce moyen la gloire de tout le monde. C'est-à-dire, par cette pierre ainsi composée, tu posséderas la gloire de tout le monde. *Et pour cela toute obscurité s'enfuira de toi*; c'est-à-dire, toute pauvreté & maladie. *Ceci est la force forte de toute force.* Car il n'y a aucune comparaison des autres forces de ce monde à la force de cette pierre : *Car elle vaincra toute chose subtile, & pénétrera toute chose solide.* Vaincra, c'est-à-dire, en vainquant & surmontant elle changera & convertira le mercure vif en le congelant, lui qui est subtil & mol, & pénétrera les autres métaux, qui sont des corps durs, solides & fermes.

CHAPITRE XI

Le magistère imite la création de l'univers.

Le philosophe donne ensuite un exemple de la composition de sa pierre, disant, *ainsi le monde a été créé*; c'est-à-dire que notre pierre est faite de la même manière que le monde a été créé. Car les premières choses de tout le monde, & tout ce qui a été au monde, a été premièrement une masse confuse, & un chaos sans ordre, comme il a été dit ci-dessus. Et après, par l'artifice du souverain Créateur, cette masse confuse, ayant été admirablement séparée & rectifiée, a été divisée en quatre éléments : & à cause de cette séparation, il se fait diverses & différentes choses. Ainsi aussi se peuvent faire diverses choses par la production & disposition de notre œuvre, & ce par la séparation de divers éléments de divers corps. *De ceci seront & sortiront d'admirables adaptations.* C'est-à-dire, si tu sépares les éléments, il se fera d'admirables compositions propres à notre œuvre, en la composition de notre pierre, par la conjonction des éléments rectifiés. *Desquelles,* c'est-à-dire desquelles choses admirables propres à ceci ; *le moyen,* c'est à savoir d'y procéder, *en est ici.*

CHAPITRE XII

Déclaration énigmatique de la matière de la pierre.

C'est pourquoi j'ai été appelé Hermès Trismégiste, c'est-à-dire, *Mercure trois fois très grand.* Après que le philosophe a enseigné la composition de la pierre, il montre ici couvertement de quoi se fait notre pierre, se nommant soi-même : premièrement afin que ses disciples qui parviendront à cette science, se souviennent toujours de son nom. Mais néanmoins il touche de quoi c'est que se fait la pierre, disant ensuite : *Ayant les trois parties de la philosophie de tout le monde*, pour ce que tout ce qui est au monde, ayant matière & forme, est composé des quatre éléments. Or quoique dans le monde il y ait une infinité de choses qui le composent & qui en sont les parties, le philosophe les divise & les réduit pourtant toutes à trois parties ; c'est à savoir en la partie minérale, végétale, & animale, de toutes lesquelles ensemble ou séparément il a eu la vraie science, en l'opération du soleil, ou composition de la pierre. Et c'est pour cela qu'il dit, *ayant les trois parties de la philosophie de tout le monde*, lesquelles toutes trois sont contenues dans la seule pierre ; c'est à savoir au mercure des philosophes.

CHAPITRE XIII

Pourquoi la pierre est appelée parfaite.

Cette pierre est appelée parfaite, parce qu'elle a en soi la nature des choses minérales, végétales & animales. C'est pourquoi elle est appelée triple, autrement trine-une ; c'est-à-dire triple & unique, ayant quatre natures, c'est à savoir les quatre éléments, & trois couleurs, la noire, la blanche & la rouge. Elle est aussi appelée le grain de froment, lequel s'il ne meurt demeurera seul ; & s'il meurt (comme il a été dit ci-dessus, quand elle se conjoint en la conjonction) il rapporte beaucoup de fruit, c'est à savoir, quand les opérations dont nous avons parlé, sont parachevées. O ami lecteur ! si tu sais l'opération de la pierre, je t'ai dit la vérité ; & si tu ne la sais pas, je ne t'ai rien dit. *Ce que j'ai dit de l'opération du soleil est accompli & parachevé.* C'est-à-dire, ce qui a été dit de l'opération de la pierre de trois couleurs & de quatre natures, qui sont en une chose unique, c'est à savoir au seul mercure philosophal, est achevé & fini.

FIN

Atalanta fugiens
(La fuyante Atalante)

par

Michael Maier

(1617)

Emblèmes I et II

Emblème I

Le vent l'a porté dans son ventre

Fuga I. in Quarta, infrà.

Épigramme I

L'embryon, qui est enfermé au sein venteux de Borée
Si jamais il vient à naître vif en ce monde,
A lui seul peut surpasser tous les travaux des héros
Par son art, sa main, son corps puissant et son esprit ;
Qu'il ne naisse pas d'une césarienne, ni d'un avortement inutile,
Non pas les pieds en avant, mais sous une bonne étoile.

EMBLEMA I. *De secretis Naturæ.*

Portavit eum ventus in ventre suo.

EPIGRAMMA I.

EMbryo ventosâ BOREÆ *qui clauditur alvo,*
Vivus in hanc lucem si semel ortus erit;
Unus is Heroum cunctos superare labores
Arte, manu, forti corpore, mente, potest.
Ne tibi sit Cæso, nec abortus inutilis ille,
Non Agrippa, bono sydere sed genitus.

Hermès, le plus diligent explorateur de tout secret naturel, dans sa *Table d'émeraude*, décrit parfaitement, bien que brièvement, l'œuvre de la nature, et, entre autres choses, il dit : *Le vent l'a porté en son ventre*, comme s'il voulait dire : Celui qui a pour père le soleil, et pour mère, la lune, avant que de paraître au jour, sera porté par des fumées venteuses, tout comme l'oiseau, pendant son vol, est porté par l'air. Or, c'est à partir de la coagulation des fumées ou des vents (lesquels ne sont rien d'autre qu'un mouvement dans l'air) que se produit l'eau ; et à partir du mélange de l'eau et de la terre, naissent tous les minéraux et les métaux ; ou plutôt les métaux sont estimés être formés de fumées et résulter directement de leur coagulation. Qu'il soit posé dans l'eau ou dans la fumée, la chose revient au même, puisque l'eau aussi bien que la fumée sont la matière du vent. Il faut en dire autant à propos des minéraux et des métaux, bien que cela soit réalisé moins directement.

On se demande maintenant qui est celui qui doit être porté par le vent ? Je réponds que, *chimiquement*, c'est le soufre, parce qu'il est porté dans le vif-argent, comme l'attestent Lulle (*Codicille*, chap. 32) [1] et tous les autres auteurs ; *physiquement*, c'est le fœtus, qui doit

1. *Liber qui Codicillus, seu Vade mecum inscribitur, in quo fontes artis et reconditioris philosophiæ traduntur* [...], Cologne : Birckmann, 1563. Sur ce texte apocryphe (comme tous les autres

bientôt venir au jour. Je dis encore que, *arithmétiquement*, c'est la racine du cube ; *musicalement*, la double octave ; *géométriquement*, c'est le point, principe de la ligne fluente ; *astronomiquement*, le centre des planètes Saturne, Jupiter et Mars : en effet, bien qu'il s'agisse de sujets divers, néanmoins, si on les compare comme il faut entre eux, ils montreront facilement le fœtus du vent, qu'il faut laisser à l'industrie plus ou moins grande de chacun. Mais je vais présenter la chose plus exactement ainsi : tout mercure est composé à partir de fumées, c'est-à-dire à partir d'une eau qui soulève, en même temps qu'elle, de la terre dans la rareté de l'air, et qui force l'air à redevenir terre aqueuse ou eau terreuse. En effet, comme les éléments sont, dans l'[air], non seulement intégralement mélangés, et que, tranformés pour constituer une certaine nature visqueuse, ils ne se séparent pas facilement les uns des autres, mais ou bien ils suivent les volatiles vers le haut, ou bien ils demeurent en bas avec les fixes : on constate la première chose dans le cas du mercure vulgaire, la seconde dans celui du [mercure] des philosophes et dans les métaux fixes, dans ces derniers, les éléments fixes dominent sur les volatils, tandis que dans le cas du mercure, les éléments volatils dominent sur les fixes. Et ce n'est pas sans raison que Mercure est appelé et est regardé comme le messager des autres dieux, leur interprète et pour ainsi dire, leur intermédiaire, puisque des ailes ont été adaptées à son casque et à ses pieds. Il est, en effet,

ouvrages alchimiques attribués à Lulle), voir Michela Pereira, *The Alchemical Corpus attributed to Raymond Lull*, Londres : The Warburg Institute, 1989 (*Warburg Institute Surveys and Texts*, XVIII), p. 10 et 67.

venteux et il vole à travers l'air, comme le vent lui-même, tout comme dans le cas du [mercure] commun la chose même est avérée au grand dommage de beaucoup. Mais puisqu'il porte un caducée ceint de deux serpents qui l'entourent transversalement, capable de tirer l'âme hors du corps et de l'y ramener, et d'accomplir beaucoup d'actions contraires de cette sorte, il représente très bien le symbole du mercure philosophique. Mercure est donc le vent, qui est capable de recevoir à partir du ventre maternel le soufre ou Dionysos, ou si tu préfères, Esculape, sous forme d'un fœtus encore imparfait, ou même à partir des cendres du corps maternel brûlé, et de le porter là où il pourra venir à maturité. Et l'embryon est le soufre qui est infusé par le soleil céleste dans le ventre de Borée, pour qu'il le mette au monde, une fois parvenu à pleine maturité. Lorsque le temps de sa grossesse est accompli, il met au monde des jumeaux : l'un avec des cheveux blancs, dénommé Calaïs, l'autre, avec des cheveux roux, dénommé Zétès : ce sont ces enfants de Borée (comme l'écrit Orphée, poète alchimique[1]) qui furent chez Jason parmi les Argonautes pour ravir la Toison d'or aux habitants de la Colchide ; et le devin Phinée, rendu aveugle par les Harpyes, n'a pu s'en débarrasser que grâce auxdits fils de Borée : reconnaissant du bienfait ainsi reçu, il a dès lors expliqué aux Argonautes tout le plan de l'expédition[2]. Mais les Harpyes ne sont rien

1. Il s'agit des *Argonautiques*, poème grec attribué à Orphée, où ces deux Argonautes sont cités au vers 222 (éd. F. Vian, Paris : Les Belles Lettres, 1987, p. 90) ; voir aussi Apollonius de Rhodes, *Argonautiques*, I, 211-223.

2. Voir Orphée, *Argonautiques*, 671-680 (p. 122-123 de l'éd. Vian).

d'autre que le soufre corrupteur, qui est chassé par les fils de Borée, lorsqu'ils sont parvenus à un âge convenable, et que d'imparfait ou de molesté par les ennuis volatils il devient parfait, n'étant plus sujet à ce mal, qui ensuite indique à Jason médecin la route à suivre pour obtenir la Toison d'or. Fait aussi mention de ces vents, entre autres [auteurs], notre [compatriote] Basile[1], qui déclare clairement (à la sixième [clé]) : *En effet, un vent double doit venir, l'un appelé le Vulturne, et ensuite un simple, appelé le Notus, qui souffleront impétueusement depuis l'orient et le midi ; si leur mouvement vient à cesser, de telle sorte qu'à partir de l'air soit produite de l'eau, tu pourras audacieusement avoir confiance en ce qu'à partir du spirituel du corporel est produit.* Et *Riplæus*[2], (à la Porte huitième) dit que notre enfant doit renaître dans l'air, c'est-à-dire dans le ventre du vent :

1. Basile Valentin [Johann Thölde ?], *Practica cum duodecim Clavibus, de magno lapide Antiquorum sapientum*, texte célèbre paru pour la première fois en allemand en 1599 *(Zwölff Schlüssel Fratris Basilii Valentini)*, édité en latin par M. Maier lui-même dans son *Tripus Aureus, hoc est Tres Tractatus Chymici Selectissimi*, Francfort : Lucas Jennis, 1618. Sur Basile Valentin, cf. Claus Priesner : « Johann Thoelde und die Schriften des Basilius Valentinus », dans : Ch. Meinel (éd), *Die Alchemie in der europäischen Kultur- und Wissenschaftsgeschichte*, Wiesbaden : O. Harrassowitz, 1986 (*Wolfenbütteler Forschungen*, vol. 32), p. 107-118.

2. George Ripley, *Liber Duodecim Portarum*, texte d'abord paru en anglais à Londres en 1591 (*The Compound of Alchymy*), puis édité en traduction latine par Nicolas Barnaud dans sa *Quadriga Aurifera* (Leyde, 1599), et repris dans le *Theatrum Chemicum* (1602), éd. 1659, t. III, p. 797-821. Sur Ripley (XVe siècle), cf. M. Pereira, *The Alchemical Corpus...*, p. 23 et n. 11, et p. 47-48.

dans le même sens, l'*Échelle des philosophes*[1], (au sixième degré). Et *il faut savoir*, dit ce texte, *que l'enfant du sage naît dans le vent.* Et au huitième degré : *Les esprits aériens, s'élevant ensemble dans l'air, s'embrassent, comme Hermès*, dit ce texte, *l'a porté dans son ventre : parce que la génération de notre engendré se fait dans l'air et que, s'il naît dans l'air, il naît selon la sagesse. Il s'élève, en effet, de la terre vers le ciel, et derechef descend vers la terre, conquérant à la fois une puissance supérieure et inférieure.*

1. *Scala philosophorum*, texte médiéval anonyme que l'on trouve dans l'*Auriferæ Artis*, Bâle : Petrus Perna, 1572, t. II, p. 115 s.

Emblème II

Sa nourrice est la terre

Fuga II. in Quinta, infrà.

Épigramme II

Romulus a tété les mamelles grossières d'une louve, mais Jupiter celles
Fécondes d'une chèvre, dit-on, et le fait est digne de foi :
Quoi d'étonnant si nous soutenons que la terre a nourri de son lait
Les viscères de la tendre progéniture des sages ?
Si une toute petite bête a pu nourrir de si grands héros,
Combien grand celui qui a pour nourrice le globe de la terre ?

EMBLEMA II. *De secretis Naturæ.*

Nutrix ejus terra est.

EPIGRAMMA II.

Romulus hirta lupæ pressisse, sed ubera capræ
Jupiter, & factis, fertur, adesse fides:
Quid mirum, teneræ SAPIENTUM *viscera* PROLIS
Si ferimus TERRAM *lacte nutrisse suo?*
Parvula si tantas Heroas bestia pavit,
QUANTUS, *cui* NUTRIX TERREUS ORBIS, *erit?*

Chez les péripatéticiens et les philosophes qui jugent correctement, on soutient que ce qui nourrit se transforme dans la substance de ce qui est nourri et s'assimile à lui, non pas certes avant, mais après son altération, et cela est tenu pour un axiome absolument vrai. En effet, pourquoi ce qui nourrit, s'il était déjà auparavant identique et semblable au nourri, aurait-il besoin d'une transformation de sa substance, laquelle, si elle venait à se produire, ferait que sa substance ne demeurerait pas identique et semblable ? Et comment des choses qui ne peuvent pas être assimilées au nourri, pourraient-elles être prises pour une nourriture, comme par exemple bois, pierres et autres choses de la même sorte ? La première [opération] est donc inexistante, et l'autre contraire à la nature. Or que l'enfant nouveau-né puisse être nourri par le lait des animaux, cela n'est pas étranger à la nature, en effet l'assimilation du lait peut se faire, mais encore plus facilement celui de la mère que celui d'un autre être : d'où vient que les médecins concluent que, pour l'enfant, contribue à la santé, à la similitude de substance et de mœurs ainsi qu'à la force, le fait qu'il soit constamment nourri et élevé avec le lait de sa propre mère, et qu'il en va à l'inverse, s'il est nourri d'un lait qui vient d'un être différent. Voilà en quoi consiste l'harmonie de la nature toute entière : en ce que le semblable jouisse du semblable[1], qu'il imite sa trace, pour autant qu'il peut, en toutes choses par un accord et une conspiration silencieux. Il en va de même dans l'opération naturelle des philosophes, qui est régie par la nature dans sa conformation de la même façon que l'enfant dans le ventre de sa mère. Et bien qu'on lui assigne par similitude un père et une mère, ainsi qu'une nourrice, cette opération n'est pourtant pas plus artificielle que la génération de n'importe quel être vivant : les deux semences au moyen de quelque artifice délicieux sont conjointes par les animaux et par l'un et l'autre sexes de l'espèce humaine : de l'union de ces semences, à la suite de l'altération qui s'ensuit, résulte l'embryon, qui croît et se développe, acquiert vie et mouvement et qui, pour finir, se nourrit de lait. Mais, pendant tout le temps de la conception et de l'imprégnation, la femme doit absolument se comporter d'une manière tempérée en matière de chaleur, de nourriture et de boissons, de mouvement et de repos, etc., autrement il en résulterait avortement et destruction du fœtus conçu : or cette prudence relative aux six choses non naturelles, parce qu'elle est prescrite par les médecins selon leur art, est également artificielle. De la même façon, les semences, si elles n'ont pas été conjointes dans une œuvre philosophique, doivent être conjointes ; si cependant on les trouvait conjointes quelque part (par exemple, dans l'œuf, où la semence du coq et la substance de la poule sont contenues dans un unique contenant), alors l'œuvre des phi-

1. Adage familier des philosophes néoplatoniciens (par exemple de Proclus), qui évoque lointainement celui de l'alchimiste Démocrite : « La nature est réjouie par la nature, la nature triomphe de la nature, la nature maîtrise la nature ».

losophes serait même plus naturelle que la génération des animaux. Mais soit, accordons, comme l'attestent les philosophes, que l'un vient de l'Orient et l'autre de l'Occident[1], et qu'ils deviennent un [vivant] unique, qu'est-ce qui est réalisé de plus ici qu'un mélange en son vase, la chaleur, le tempérament et la nourriture ? Le vase est assurément artificiel, mais il n'y a pas de différence, que le nid soit construit par la poule elle-même ou qu'il soit disposé par quelque paysan en quelque lieu incertain (comme c'est l'habitude) : ce sera la même génération des œufs et la même naissance des poussins à partir d'eux. La chaleur est chose naturelle, qu'elle vienne du feu modéré des fourneaux et de la putréfaction du fumier, ou bien du soleil et de l'air, ou des entrailles de la mère, ou d'une autre source : c'est ainsi que l'Égyptien[2] au moyen de ses fourneaux administre la chaleur naturelle pour obtenir par art la production des œufs : les semences du ver à soie, et même les œufs de poule, lit-on, sont couvés à la chaleur des mamelles de vierges : ainsi l'art et la nature se prêtent mutuellement main-forte, de telle sorte que la nature soit la servante de l'art, et vice-versa : néanmoins la nature demeure la maîtresse, et l'art son serviteur.

Maintenant pourquoi la terre est-elle appelée nourrice de l'enfant des philosophes, voilà une question que l'on pourrait soulever, puisque la terre, entre les élé-

1. Voir Emblème 47 de l'*Atalanta fugiens* : *Lupus ab Oriente et Canis ab Occidente venientes se invicem momorderunt* (« Un loup venant d'Orient et un chien d'Occident se sont mordus l'un l'autre »). C'est un symbole de l'union des opposés.

2. *L'Égyptien* : probablement une allusion à Hermès Trismégiste, l'Égyptien par excellence.

ments, est la plus sèche et la plus aride, elle qui possède même la sécheresse comme qualité propre ? Eh bien ! il faut répondre que par terre ici il faut entendre l'élémenté et non pas l'élément, dont nous avons abondamment fait mention au premier jour de notre *Semaine philosophique*[1], et dont nous avons expliqué la nature. Elle est la nourrice du ciel, non qu'elle résolve, lave ou humecte le fœtus, mais parce qu'elle le coagule, le fixe et le colore, et qu'elle le transforme en suc et en sang pur. En effet, la nourriture amène l'augmentation en long, en large et en profondeur, c'est-à-dire dans toutes les dimensions du corps ; et comme elle est là et qu'elle est fournie à partir de la seule terre à l'enfant philosophique, c'est à juste titre qu'il faudra appeler la terre du nom de nourrice. En revanche il se produit quelque chose de contraire dans le cas des autres genres de lait, qui sont convertis et ne convertissent pas, dans cet admirable suc terrestre, étant donné que, en raison de sa puissance vraiment extraordinaire, elle altère fortement la nature du nourri, tout comme le lait de la louve, croit-on, a disposé le corps de Romulus en une nature courageuse et prompte à faire la guerre.

1. Allusion à un livre de M. Maier publié en 1620, la *Septimana Philosophica*, dans laquelle « des énigmes en or sur tout genre de nature sont tour à tour proposées et résolues au cours d'un dialogue entre Salomon, le très savant roi des Juifs, la reine de Saba et Hiram, prince de Tyr ».

Sept traités

ou chapitres dorés

d'Hermès Trismégiste

PRÉFACE

Ès histoires des choses divines nous lisons qu'il y a eu trois grands personnages appelés Hermès. Le premier a été Énoch, devant[1] le déluge, qui fut transporté au Ciel, accompagné des anges, dans un chariot de feu. Le second a été Noé, qui se sauva au déluge dans l'arche, par le commandement de Dieu : car l'un et l'autre a été appelé Hermès, & Mercure pour les distinguer de cet Hermès, qui régna en Égypte après le déluge : car ce troisième a été un excellent homme, qui orné du bandeau royal, a régné longtemps en Égypte, et fut appelé trois fois grand à cause de sa triple vertu : car on dit qu'il fut le roi des philosophes & prophète, lequel aussi on dit avoir été inventeur de toute discipline libérale & mécanique : Geber roi des Perses l'appelle prince, & Albert le Grand dit que ce fut Alexandre le Grand, on dit qu'en son sépulcre furent trouvés tous les métaux et minéraux du monde, écrits en la Table smaragdine[2], les uns l'appellent prince, les autres pères de tous les philosophes : car tous ceux qui ont suivi la vertu l'ont imité. Nous n'avons pas entrepris de célébrer tous les

1. Avant.
2. La *Table d'émeraude.*

actes & gestes admirables de ce grand homme ; car notre petit esprit n'y suffirait pas : nous avons pourtant voulu faire mention de sa mémoire au prologue de ce livre, à raison qu'il n'a pas seulement été auteur de ce livre, mais aussi de cette science. Car qui, lisant ce livre, rempli de toute divinité saura accommoder son sens comme il convient, touvera le moyen de l'une et l'autre vie, & la parfaite preuve de l'un, & l'autre Testament. Or en ce présent discours, celui qui aura bon entendement connaîtra clairement de quoi cette œuvre, & secret admirable est composé. Hermès & plusieurs auteurs qui l'ont imité au livre de la transmutation des substances, parlent ainsi : Hermès dit que l'alchimie est une substance corporelle composée d'un, & par un conjoignant les principales choses par l'effet & consanguinité, & par une commixtion naturelle changeant en un meilleur genre. Et nous l'ensuivant [1], nous montrerons ceci clairement à celui qui sera sage. Et quant à moi, encore que je sois peu versé en la langue latine, & que mon esprit soit petit, j'ai tâché de traduire de la langue arabique en la latine ces sept traités d'Hermès appelé triple pour sa sagesse, lesquels pour ce qui est de l'art, & pratique sont cachés en tous les livres des sages aux ignorants.

1. Le suivant.

CHAPITRE I

Hermès dit, En un si long âge je n'ai point cessé de faire des expériences, & n'ai point cessé de travailler : j'ai connu cette science par mon seul travail & seule inspiration de Dieu qui lui a plu de me la révéler à moi son serviteur : mais il a seulement donné la grâce d'en bien juger aux personnes sages & raisonnables, & n'a jamais donné occasion à personne de pécher & faire mal. Quant à moi, j'aurais caché cette science, si je ne craignais le jour du Jugement ou la damnation de mon âme, je ne découvrirais rien de cette science, & ne la révèlerais à personne. Or j'ai voulu rendre ce que je devais aux fidèles, déclarant comme celui qui est l'auteur de toute fidélité me l'a daigné révéler.

Écoutez, fils des sages anciens philosophes, la science des quatre éléments non corporellement ou imprudemment, qui sont patents par leurs raisons, & par leur opération cachés : car leur opération est occulte, rien n'agit s'il n'est composé, car il ne se parfait point que premièrement toutes ses couleurs ne passent.

Sachez, enfants des sages, qu'il y a une division de l'eau des anciens philosophes qui la divise en quatre autres, une en deux, & trois en un, desquelles la troisième partie appartient à la couleur, savoir à l'humeur qui le coagule, or les deux tiers de l'eau, qui sont les poids des sages. Prenez de l'humeur une once & demie, & de la rougeur méridionale, c'est-à-dire, de l'âme du soleil la quatrième partie, c'est-à-dire, une demi-once, & du mercure citrin semblablement une once & demie, & une demie de l'orpiment qui font huit, c'est-à-dire trois onces. Sachez que la vigne des sages se tire en trois choses, & que son vin se parfait à la fin de trente : entendez donc l'opération. La décoction le diminue, la teinture l'augmente, car la lune se diminue après quinze jours, & elle s'augmente au troisième, c'est donc là le commencement & la fin. Voilà que je vous ai dit ce qui avait été celé, car l'œuvre est avec vous, & chez vous, laquelle vous pouvez avoir le recevant intérieurement & permanent en terre ou en mer. Conservez donc le vif-argent, lequel est aux intimes cabinets èsquels [1] il a été coagulé, car c'est l'argent vif qui se dit être du résidu de la terre. Qui entend donc maintenant mes paroles, qui le demande à celui qui justifie les œuvres de chacun [2] malfaiteur, & ne prive aucun bienfaiteur du loyer de ses bonnes œuvres, parce que j'ai découvert tout ce qui a été celé de cette science & déclaré un grand secret à ceux qui ont de l'entendement.

Sachez donc vous autres inquisiteurs [3] des bruits secrets, & fils des sages, que le vautour qui est dessus la montagne crie à haute voix, Je suis le blanc du noir, & le rouge du blanc, le citrin du rouge, & certainement je suis véritable, & sachez que le chef de l'œuvre est le corbeau, qui en la noirceur de la nuit & clarté du jour vole sans ailes, la coloration se tire de l'amertume qui est en sa gorge, la rougeur sort de son corps, & de son dos on tire une vraie eau.

1. Dans lesquels.
2. Qui fait justice des œuvres de chaque.
3. Chercheurs.

Entendez-le donc, & recevez-le donc de Dieu, & le celez à tous les ignorants, il est caché aux cavernes des métaux lui qui est une pierre vénérable, une couleur splendide, & large mer. Voilà je le vous ai exposé, rendez grâces à Dieu qui vous a appris cette science, car il aime les reconnaissants.

Mettez-le donc en feu humide, & le faites cuire, lequel feu augmente la chaleur de l'humeur, & tue la sécheresse de l'incombustion jusqu'à ce que la racine apparaisse, puis tirez d'icelui la rougeur & la partie légère jusqu'à ce que la troisième partie demeure.

Sachez fils des sages, que pour cette raison les philosophes ont été appelés envieux, parce qu'ils ont écrit occultement, non pas qu'ils l'envient aux gens de bien, religieux, légitimes, ou sages, mais aux ignorants vicieux, qui n'ont aucune loi ou douceur, de peur qu'ils ne soient trop puissants pour commettre leurs méchancetés, & par ce moyen les philosophes en rendent compte à Dieu; car tous les méchants sont indignes de sagesse.

Sachez que je nomme cette pierre par son nom, car ils l'ont appelée la femelle de la magnésie, poule, salive blanche, lait du volatil, et cendre incombustible, afin qu'ils le celassent à ceux qui sont ignorants, & qui n'ont aucune loi ou douceur, que j'ai néanmoins nommé aux sages par un nom connu, parce que c'est la pierre des sages. Conservez donc en icelui la mer, le feu, & le volatil du ciel au moment de la sortie.

Or je vous prie, tous fils des philosophes, par notre bienfaiteur qui vous donne l'honneur de sa grâce, que vous ne veuillez déclarer son nom à aucun ignorant étourdi, & inepte. Personne ne m'a rien donné que je ne lui aie rendu ce qu'il m'avait donné, & je n'ai cessé de l'honorer, & en icelui j'ai mis une bonne signification. Mon fils, cette pierre est environnée, de plusieurs couleurs, & est né en une couleur, connais-le, & le cèle, par icelui, avec la grâce de Dieu, vous chasserez de vous toutes grandes maladies, tristesses, tout dommage et angoisses : par son moyen vous viendrez des ténèbres à la lumière, des déserts à l'habitation, & de l'affliction à la joie.

CHAPITRE II

Mon fils je vous avertis par dessus toutes choses de craindre Dieu, vers lequel est tout l'effort de votre disposition, & l'union de toutes choses séparées. Mon fils raisonnez sur tout ce que vous entendez, car je ne crois pas que vous soyez privé de raison & ignorant : c'est pourquoi recevez mes exhortations, & méditez & établissez votre cœur de la même façon que si vous étiez l'auteur des exhortations ; car si celui qui est de nature chaude, se fait froid, il n'en recevra aucun dommage : semblablement que celui qui use de raison chasse de soi toute l'ignorance de peur qu'il ne soit trompé sans y penser. Mon fils, prenez le volatil qui vole, submergez-le & le divisez, tirez & chassez de lui sa couleur qui le tue, à ce qu'il soit fait vif, & qu'il vous réponde, ne volant point par les régions, mais qu'il contienne apertement[1] ce qui vole, car si vous le tirez de l'affliction,

1. De façon manifeste.

après l'affliction dans les jours qui vous sont connus, vous serez roi par raison, il vous sera un compagnon convenable, & vous serez décoré par icelui.

Mon fils, tirez du rayon son ombre & ordure, parce que les mers surnagent au-dessus de lui, le gâtent, & l'empêchent[1] sa lumière, pour ce qu'il est brûlé par l'affliction et sa rougeur. Mon fils, prenez cette rougeur corrompue par l'eau, comme le feu en est le porteur, qui est cendre vive, laquelle si vous ôtez toujours de lui jusqu'à ce que la rougeur vous soit purifiée, vous avez une compagnie par laquelle il est échauffé, & en laquelle il repose.

Mon fils rendez à l'eau le charbon éteint par les trente jours que vous connaissez, c'est pourquoi vous êtes roi couronné, reposant sur le puits de l'orpiment qui n'a point d'humeur. J'ai maintenant réjoui les cœurs des écoutants qui espèrent en toi, & les yeux qui te regardent par l'espérance de ce que tu contiens.

Mon fils, sache que l'eau était auparavant en l'air, puis en la terre, rendez-la aussi aux supérieurs, changez-la discrètement par ses conduits, puis conjoignez-la écharsement[2] à son esprit rouge assemblé.

Sachez, mon fils, que notre terre est un onguent, soufre, orpiment, feu, & colcotar qui est mercure, orpiment, soufre, et semblables choses desquelles chacun est plus vil que l'autre, auquel se trouve diversité, desquels aussi est l'onguent de colle, qui est cheveux, ongles, et soufres, desquels aussi est l'huile de pierre & cervelle qui est orpiment, desquel est encore l'ongle des chats qui est mercure, desquels est encore l'onguent des

1. Le privent de.
2. Parcimonieusement.

blancs & l'onguent de deux argents vifs orientaux qui cherchent les soufres, & contiennent les corps.

Je dis, que le soufre teint & fixe, & est contenu, & est par la connexion des teintures, or les onguents contenus dans le corps, teignent et fuient qui sont contenus dans le corps qui est la conjonction des fuitifs & le poids ou soufre alumineux, qui contiennent les fuitifs.

Mon fils, la disposition recherchée par les philosophes est unique en notre œuf, ce qui ne se trouve point en l'œuf de poule, & de peur que dans l'œuf ne soit éteinte une si grande sagesse divine de la poule, sa composition est faite des quatre éléments.

Sachez, mon fils, que dans l'œuf de la poule il y a un grand aide & une grande proximité en la nature, car en icelui est la spiritualité & la comparaison des éléments & la terre de sa nature est or.

Le fils dit à Hermès, Quels sont les soufres convenables à notre œuvre, célestes ou terrestres ? *Hermès répond,* Les uns sont célestes les autres terrestres. *Le fils.* Mon père, je pense que le cœur ès choses supérieures est le ciel, & ès inférieures la terre. *Le père.* Il n'en est pas ainsi, mais le mâle est le ciel de la femelle, & la femelle la terre du mâle. *Le fils.* Mon père, lequel des deux est le plus digne d'être ciel ou d'être terre ? *Hermès répond,* Ils ont besoin l'un de l'autre, car la médiocrité est commandée par les préceptes, comme si vous disiez : le sage commande à tous les hommes : car le médiocre est meilleur, parce que toute la nature s'unit, comme accompagné avec sa nature, nous avons trouvé que la médiocrité s'unit à la vertu de la sagesse. *Le fils.* Mon père, laquelle de ces choses est le médiocre. *Le père,* De chacune trois, sont deux. Premièrement l'eau est utile, en après l'onguent & au-dessous demeure l'ordure. Le dragon demeure en toutes ces choses, & sa maison sont les ténèbres & la noirceur est en iceux, & par icelle il monte en l'air, parce qu'il est leur ciel de son orient, mais quand la fumée demeure en icelle, ils ne sont point perpétuels, mais ôtez la fumée de l'eau, & de l'onguent la noirceur et des fèces la mort, & la dissolution étant faite, vous triompherez, par le don duquel les possesseurs vivent. Sachez, mon fils, que l'onguent médiocre, qui est le feu, est le milieu entre l'ordure & l'eau, & le scrutateur de l'eau, parce qu'ils sont appelés onguent & soufres, parce qu'entre le feu, l'huile, et le soufre, il y a une très étroite proximité, parce que comme le feu monte, ainsi monte aussi le soufre.

Sachez, mon fils, que toutes les sagesses qui sont au monde sont sujettes à cette mienne sagesse. En ces admirables éléments cachés, les arts sont casuels [1]. Il faut donc que celui qui veut être introduit en cette nôtre sagesse cachée, chasse de soi le vice d'arrogance, & qu'il soit pieux & homme de bien, & d'excellent esprit, aimant son prochain d'une face joyeuse, courtois & fidèle gardien de ses secrets.

Et sachez cela, mon fils, si vous ne savez mortifier & introduire la génération, vivifier les esprits, les mondifier, & introduire la lumière jusqu'à ce qu'ils soient combattus, colorés & purifiés de leurs taches & ténèbres, vous ne savez rien, & ne parferez rien : que si vous savez cela, vous serez élevé à une très grande dignité, de sorte que les rois mêmes vous révèreront. Mon fils, il nous faut conserver ces sciences, & les celer à tous les méchants & ignorants.

1. Hasardeux, peu sûrs.

Et sachez, mon fils, que notre pierre est composée de plusieurs choses, & diverses couleurs des quatre éléments qu'il nous faut diviser & couper par pièces, & séparer leurs membres, mortifier en partie la nature qui est en icelle, conserver le feu & l'eau qui habite en elle, & est composé des quatre éléments, & contenir leurs eaux, par son eau, qui n'a point la forme de l'eau, mais un feu montant sur les eaux, & les contenant en un vase pur & sincère, de peur que les esprits ne s'enfuient des corps ; car par ce moyen ils sont faits tingents et permanents. O bénite forme d'eau pontique ! qui dissous les éléments, il faut aussi qu'avec cette forme d'eau, nous possédions une âme sulfureuse, & la mêler avec notre vinaigre, car quand par la puissance de l'eau le composé se dissout, c'est la clef de la restauration, alors la mort & noirceur s'enfuit d'icelle, & la sagesse en sort.

CHAPITRE III

Sachez, mon fils, que les philosophes lient de nœuds très forts & étroits pour combattre contre le feu, parce que les esprits désirent être dans les corps quand ils sont bien lavés, et se réjouissent en iceux, & les ayant ils les vivifient & demeurent chez eux, & les corps les contiennent, & ne se séparent jamais d'eux. Alors les éléments morts se vivifient, & les corps composés teignent & s'altèrent & font des merveilleuses œuvres permanentes, comme dit le philosophe. O forme d'eau permanente ! Royale créatrice des éléments ! qui étant conjointe avec vos frères, ayant reçu une teinture par un régime médiocre, vous reposez. Notre pierre très précieuse jetée dedans les ordures, est très chère, vile & très utile, parce qu'il nous faut ensemble mortifier deux argents vifs, & les vénérer (savoir) l'argent vif de l'orpiment, & l'argent vif oriental de la magnésie. O nature très puissante créatrice des natures ! qui contient & sépare les médiocrités des natures, elle vient avec la lumière, & a été engendrée avec la lumière qu'une ténébreuse nuit a engendrée, qui est la mère de toute chose. Or quand nous lui joindrons le roi couronné de notre fille rouge, ne recevant aucune nuisance du feu léger, elle concevra, & le fils conjoint, & suréminent, lequel étant permanent, elle nourrit d'un petit feu, & il vit par notre feu. Or quand vous laissez le feu sur la feuille de soufre que le terme des cœurs, entre sur lui, qu'il soit lavé par icelui, & son ordure soit extraite, alors il s'altère, & sa teinture demeure rouge par le feu comme la chair. Notre fils roi engendré reçoit sa teinture du feu, & la vie & la mort, & les ténèbres le fuient. Le dragon fuit les rayons du soleil qui garde les trous, & notre fils mort vivra. Le roi viendra du feu, il se réjouira de son mariage, & les choses cachées se manifesteront, & le lait de vierge se blanchira. Le fils ainsi vivifié combat contre le feu, & est suréminent aux teintures, car le fils est le bénéfice à la philosophie. Venez, fils des sages, & nous réjouissons ensemble parce que la mort est consommée, & notre fils règne, & est déjà vêtu de sa robe rouge & de son manteau royal.

CHAPITRE IV

Entendez, fils des sages, que cette pierre crie : Protégez-moi, & je vous protégerai, me voulez-vous rendre ce qui m'appartient, afin que je vous aide. Mon soleil & mes rayons sont intimes en moi, & la propre lune est ma lumière qui surpasse toute lumière, & mes biens sont plus excellents que tous les autres biens, je donne aux sages & intelligents la joie, la liesse, la gloire & les richesses, & je fais ce qu'ils désirent comprendre et connaître, & possède les choses divines. Voilà ce que les philosophes ont celé des sciences, il est écrit avec sept lettres ; car elle en suit deux *alpha ita*, et semblablement le soleil suit la lune, voulant néanmoins dominer, conserver l'art, joindre le fils à la [boue [1]] de l'eau, qui est Jupiter, qui est le secret caché.

Entendez auditeurs, & dorénavant usons de nos opinions, car je vous ai démontré par une très subtile investigation & contemplation ce que j'ai écrit. J'ai connu une certaine chose, qui est-ce qui comprend ce qui se cherche par une très subtile investigation & raison. D'un homme ne s'engendre que son semblable, & semblablement du taureau, & si quelque animal se joint avec une autre espèce, il en naît une espèce qui n'est semblable ni à l'un ni à l'autre.

1. Le texte original porte *bube* (pustule) : nous corrigeons.

Maintenant Vénus parle : J'engendre la lumière, & les ténèbres ne sont point de ma nature, & si mon métal n'était sec tous les corps auraient besoin de moi, parce que je liquéfie & leur ôte leur rouillure, & extrais leur substance. Il n'y a rien donc de meilleur & plus vénérable que moi quand je suis jointe avec mon frère. Et le roi dominant dit à ses frères témoignants : On me couronne & suis orné d'un diadème, & je suis investi de votre royaume, & je donne la joie aux cœurs, & moi étant lié au sein et poitrine de ma mère, & à sa substance, je fais reposer & contenir ma substance, & je compose l'invisible du visible, alors le caché apparaîtra, & tout ce que les philosophes ont caché s'engendrera de nous. Entendez ces paroles, ô auditeurs, & les conservez, méditez, & ne cherchez rien autre chose, l'homme au commencement est engendré de la nature, les entrailles duquel sont faites chair, & non d'autre chose. Méditez cette lettre, & rejetez les superfluités : c'est pourquoi le philosophe a dit : Le soufre est fait du citrin qui est tiré du nœud rouge, & non d'autre chose, que s'il est citrin, ce sera votre sagesse, n'ayant point de soi soin si vous ne vous étudiez point de tirer du rouge, voilà je n'ai point circonscrit si j'ai moins manifesté aux entendus. Fils des sages, ne brûlez le corps du laiton par trop grand feu, & il vous arrosera de la grâce que vous cherchez, & faites que le volant ne s'envole devant le poursuivant & qu'il repose sur le feu, & encore que le feu soit bouillant, & que la chaleur du feu bouillant se corrompe il est mercure. Et sache que l'art de cette eau permanente est le laiton, et sa teinture, & la coloration de la noirceur se change alors en la vraie rougeur, je jure par Dieu que je n'ai dit que la vérité que ces choses détruisantes sont les amendantes, & la corruption se voit en la chose amendée, & de là l'émendation apparaîtra, & l'un & l'autre est le signe de l'art.

CHAPITRE V

Mon fils, ce qui naît du corbeau est le principe de cet art, voilà qu'en parlant par métaphores, je vous ai obscurci mon dire, & privé de lumière, & cette matière dissoute & jointe, je l'ai appelée très éloignée. Rôtissez donc ces choses, après cuisez-les en ce qui procède du ventre du cheval par sept jours ou 14 ou 21. Alors il se fait un dragon qui mange ses ailes, & qui se mortifie, cela fait mettez-le avec son mercure, en feu petit sur le four, & prenez garde diligemment qu'il ne sorte du vase, & sachez que les temps de la terre, sont en l'eau, & se fait jusqu'à ce que vous la mettiez dessus.

Icelle donc étant liquéfiée & brûlée, prenez de sa cervelle & la broyez avec du vinaigre très fort, ou urine d'enfants jusqu'à ce qu'elle soit obscurcie, cela fait elle vit en la putréfaction, les nuées noires qui étaient en icelui devant sa mort lesquelles seront converties en son corps, or étant réitéré comme je l'ai décrit, il meurt encore une fois, & comme j'ai dit, il vit de là, & en sa vie & en sa mort nous usons d'esprits ; car comme il meurt les esprits lui étant ôtés il se revivifie lui étant restitués, et se rejoint à iceux, à laquelle chose quand vous parviendrez vous trouverez assurément ce que vous cherchez, je vous raconte aussi le signe de la liesse, & ce qui fait fixe le corps.

Or par cette figure vos devanciers sont morts, étant venus au terme désiré. Je vous ai maintenant montré la fin, & j'ai ouvert le livre aux entendus, j'ai caché les choses secrètes, j'ai fait contenir les séparées, j'ai conjoint diverses figures, & associé aux esprits. Prenez de Dieu ce présent.

CHAPITRE VI

Il faut que vous rendiez grâces à Dieu qui donne cette science à tout sage, qui nous délivre de misère & pauvreté, remerciez-le de tous ses dons & grands miracles qu'il a mis en cette nature, & le priez que pendant que nous vivons, nous parvenions à lui. En après, mon fils, les onguents desquels nous extrayons ès livres des auteurs sont écrits d'ongles, poils, laiton, vert, tragacanthes[1] & os.

Outre plus il nous faut exposer la disposition de l'onguent qui coagule les natures fuitives, & orne les soufres et les préfère à tous autres onguents parfaits, car nous savons l'essence de son vaisseau, & combien il est précieux, qui est appelé divin soufre & figure aux autres onguents, qui est l'onguent occulte, & enseveli, duquel il ne se voit aucune disposition, & habite en son corps comme le feu dans les arbres & pierres, qui nous fait extraire par un art et entendement subtil sans combus-

1. Espèce d'astragale (plante).

tion aucune. Sachez, mon fils, que qui ne connaît point la différence entre l'onguent & soufre ne connaît pas si bien les deux soufres, non pas que les onguents qui se subliment des pierres soient soufres, pour accomplir la teinture. Or les deux mêlés avec leurs corps, il se fait un parfait, & faut savoir que deux soufres teignent, mais ils s'enfuient, lesquels il faut fort bien séparer, & les retenir de leur fuite, & sachez que le ciel se joint médiocrement avec la terre, & le médiocre est figuré avec le ciel & avec la terre, ce qui est eau. Et toute la première est l'eau qui sort de cette pierre, & le second est vraiment l'or, & le troisième l'ordure, & le médiocre or qui est plus noble que l'ordure. Or en ces trois sont la fumée, la noirceur & la mort, il nous faut donc chasser la fumée qui est au-dessus de l'eau, la noirceur de l'onguent & des fèces la mort, & ce par dissolution, ce qui étant nous avons une très grande philosophie et le secret des secrets.

CHAPITRE VII

O fils des philosophes, les corps sont sept desquels le premier est or très parfait, le roi est le chef, que la terre ne corrompt point, ni l'eau n'altère point, ni les choses brûlantes ne le gâtent point, parce que la complexion est tempérée, & la nature dirigée en chaleur, froidure & humidité, & n'y a en icelui aucune chose superflue : c'est pourquoi les philosophes l'ont préféré & magnifié disant que l'or est entre les corps métalliques, comme le soleil est entre les étoiles par sa lumière splendide & éclatante, car par son moyen, & volonté de Dieu tout végétable, & tout fruit de la terre se parfait, par ainsi l'or contient tout corps, & vivifie, & est le levain de l'élixir, & sans icelui ils ne peuvent jamais être parfaits.

Car comme la pâte ne peut être levée sans levain ainsi quand vous aurez très bien nettoyé le corps, & séparé l'ordure des superfluités quand vous le voudrez mêler ensemble, mettez en iceux le levain, & faites eau & terre jusqu'à ce que l'élixir soit fermenté, & que la pâte soit faite levain, comme s'il disait, comme l'or soit fait le levain, méditez & voyez si le ferment d'une chose est fait d'une nature différente à la sienne, considérez donc comme le ferment n'est point d'autre nature que la pâte, & notez que le ferment blanchit la confection, empêche la combusion, retient la teinture à ce qu'elle ne s'envole, & réjouit les corps, & les conjoint ensemble, & les fait entrer, & en cela gît la clef des philosophes, & la fin de l'œuvre, & par cette science les corps sont purifiés, & leur œuvre se parfait par la grâce de Dieu. Or par négligence & méchante opinion que l'on a de ce levain, les œuvres se corrompent. Comme le levain est à la pâte, & le coagule au lait pour le fromage, & le musc ès odeurs aromatiques, ainsi est la couleur de l'or à la rougeur, & sa nature n'est pas douce : c'est pourquoi nous faisons d'icelui la soie, qui est l'élixir, & d'icelui nous faisons l'encre, dont nous avons écrit, & nous teignons la boue du cachet du roi, & en icelui nous mettons la couleur du ciel qui augmente la vue à ceux qui le voient. L'or donc est la très précieuse pierre sans tache, tempéré, & ne peut être corrompu par le feu, air, terre, ni eau, c'est un levain universel qui rectifie toute chose par tempérance. Sa composition est de couleur jaune, ou vrai citrin, c'est l'or des sages cuit & bien digéré qui fait l'élixir par son eau & feu. L'or des sages est plus pesant que le plomb, parce que par sa composition tempérée il est le levain de l'élixir, & au contraire intempéré par une intempérée composition, car le premier œuvre se fait de végétal, le second d'animal en l'œuf de poule, c'est un grand subside & constance d'éléments, & notre terre est or, duquel nous faisons tout ce qui est levain de l'élixir.

Le Livre de Cratès

Au nom du Dieu clément et miséricordieux !

Seigneur, faites-nous la grâce de nous conduire dans la bonne voie !

Louange à Dieu qui nous comble de ses bienfaits ! Qu'il répande ses bénédictions sur notre seigneur Mohammed, son prophète, et qu'il lui accorde le salut, ainsi qu'à sa famille !

Fosathar de Misr est le premier qui s'attribua le titre d'émir.

(L'auteur dit ensuite :) On m'avait informé que l'émir répétait que, d'après ce qui lui avait été raconté, je n'avais jamais cessé de m'occuper de l'œuvre ; sur cette matière, j'avais rassemblé bien des choses qu'aucune autre personne de notre époque n'avait pu recueillir. Je dois ajouter que l'émir était adepte de la philosophie, et qu'il pratiquait les doctrines retracées dans les ouvrages des philosophes, conformément aux livres où il les avait trouvées réunies.

La demande que l'émir me fit, de lui donner des extraits d'ouvrages dont il serait apte à tirer profit, ne pouvait m'être adressée impérativement par un autre que par lui. C'était en réalité un ordre, et, étant donné le rang qu'il occupait, je devais mettre tous mes soins à lui rendre ce service. Peu de philosophes ont accueilli favorablement de telles demandes : ils ont, en effet, recommandé bien souvent de ne pas divulguer la science à ceux qui n'en étaient pas les adeptes ; mais ils ont dit aussi de ne pas s'en montrer avare à l'égard des initiés.

Je vous adresse un de mes livres sur la philosophie ; si les Anciens avaient pu le lire, ils n'en auraient sûrement pas divulgué le contenu. Pas un seul de ces philosophes n'a composé un traité semblable, et quand ils ont formulé d'une manière aussi complète leurs doctrines philosophiques, ils les ont tenues secrètes et ne les ont point divulguées au public, ni même à la plupart de leurs adeptes. Il en a été ainsi sous les premiers califes, et cela a duré jusqu'au moment où le christianisme fut éliminé.

Voici maintenant l'histoire de ce livre : il avait pour titre *Kenz el-konouz* (le trésor des trésors), et faisait partie de la collection des trésors des philosophes, que l'on conservait dans les sanctuaires des divinités. La principale de ces divinités était à Alexandrie et s'appelait [...] [1]. Or il y avait à Alexandrie un jeune homme nommé Risourès, qui appartenait à une famille dont les membres étaient adeptes de la philosophie. Ce jeune homme au visage resplendissant, à la taille svelte et doué de l'intelligence la plus accomplie, fit la cour à l'une des servantes du chef des devins du temple de Sérapis. Ce temple se nommait Athineh et le chef des devins Ephestelios. Risourès ayant réussi à se faire aimer de la servante et à l'épouser, celle-ci lui montra tous les livres et lui fit connaître tous les autres mystères des philosophes. Puis, lorsqu'on apprit que Constantin le Grand

1. Mot peu lisible dans le manuscrit.

était à Rome, elle déroba les livres de Sérapis, ainsi que ce livre que je vous envoie, et elle s'enfuit avec son mari. Jusqu'au moment où le christianisme cessa d'être florissant en Syrie et en Égypte, telle est l'histoire de ce livre ; tous les souverains l'ont étudié longuement, jusqu'au jour où les dynasties arabes se sont établies dans les pays de Syrie et d'Égypte.

A ce moment, ce livre m'étant parvenu, je vous l'ai adressé, en recommandant bien de n'y rien changer. J'avais tout d'abord songé à le faire traduire, et le traducteur était déjà prêt quand, en réfléchissant à la différence que présentent le grec et l'arabe comme style et comme marche du discours, j'ai renoncé à ce projet ; invoquant l'assistance de l'Esprit Saint, je vous le fais parvenir, afin que vous le transmettiez à votre tour.

(Le livre) commence en ces termes :

Au nom du Dieu clément et miséricordieux !

J'avais achevé l'étude des astres, celle de la superficie de la terre, de sa position et de ses éléments variés ; j'avais terminé l'étude de la science du droit et des formes de la logique, lorsque je vins au temple de Sérapis, en proclamant qu'il n'y a d'autre divinité que Dieu le Créateur. Je trouvai là, dans la bibliothèque du roi, un livre clair, sans expressions obscures et qui traitait de l'œuvre sublime dont Dieu a réservé la connaissance aux personnes qui possèdent la sagesse et [...] [1]. Jamais livre plus admirable et plus clair n'a été composé avant le mien et rien de pareil ne sera composé par la suite, car j'ai acquis une science certaine. J'ai apporté mon

1. Passage peu lisible dans le manuscrit.

livre et je l'ai caché dans le sanctuaire du temple de Sérapis ; ce n'est qu'avec la permission de Dieu et sur sa désignation spéciale que quelqu'un pourra s'en emparer.

Tandis que j'étais en train de prier et de demander à mon Créateur d'éloigner de moi le serpent qui se glisse dans les cœurs des humains et de m'aider dans l'entreprise que j'avais formée de composer mon livre, je me sentis tout à coup emporté dans les airs, en suivant la même route que le soleil et la lune. Je vis alors dans ma main un parchemin intitulé : *Modzhib ed-dholma ou monawwir ed-dhou* (Celui qui chasse les ténèbres et qui fait resplendir la clarté). Sur ce parchemin étaient tracées des figures représentant les sept cieux, l'image des deux grands astres brillants et les cinq astres errants qui suivent une route opposée. Chaque ciel était entouré d'une légende écrite avec les étoiles.

Puis je vis un vieillard, le plus beau des hommes, assis dans une chaire ; il était revêtu de vêtements blancs et tenait à la main une planche de la chaire, sur laquelle était placé un livre. Devant lui étaient des vases admirables, les plus merveilleux que j'eusse jamais vus. Quand je demandai quel était ce vieillard, on me répondit : « C'est Hermès Trismégiste, et le livre qui est devant lui est un de ceux qui contiennent l'explication des secrets qu'il a cachés aux hommes. Retiens bien tout ce que tu vois et retiens tout ce que tu liras ou entendras, pour le décrire à tes semblables après toi. Mais ne va pas au-delà de ce qui t'aura été ordonné, lorsque tu voudras leur expliquer les choses ; ce sera agir dans leur intérêt et te montrer bienveillant à leur égard. »

Voici ce qu'il y avait tout d'abord : des figures de cercles, autour desquels il y avait des inscriptions ainsi tracées :

(En marge le manuscrit contient les lignes suivantes : J'ai trouvé une seconde copie, dans laquelle étaient des cercles entourés d'une inscription. On trouvera cette inscription indiquée en marge. Il y avait sept cercles correspondant au premier firmament, au second, au troisième et ainsi de suite jusqu'au septième. Au-dessous de chaque cercle se trouvaient des lettres sans points diacritiques que j'ai reproduites.)

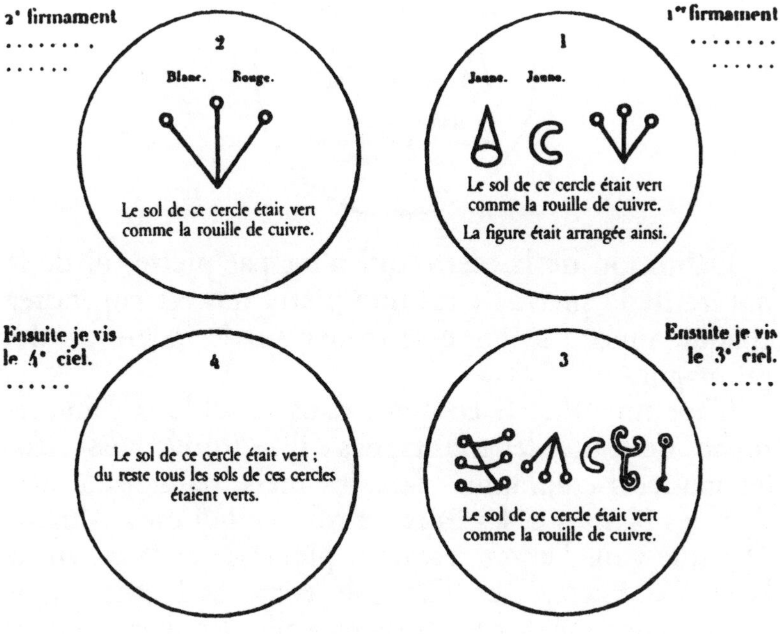

Ensuite je vis le 6e ciel.

. . . . . .

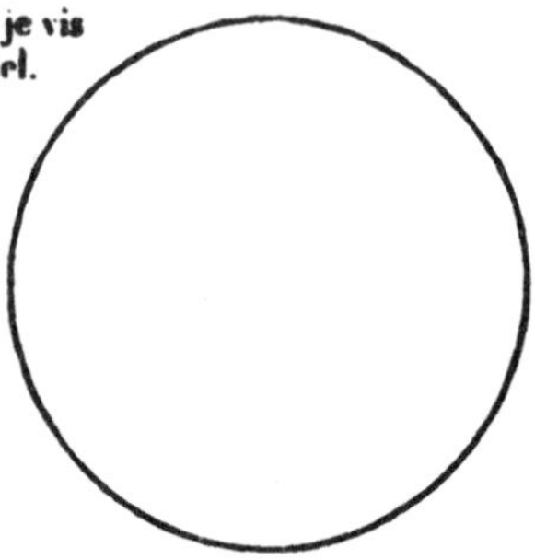

Ensuite je vis le 5e ciel.

. . . . . .

Je vis le 7e ciel, qui est le dernier des firmaments.

. . . .

Définition de la pierre qui n'est pas pierre, ni de la nature de la pierre : c'est une pierre qui est engendrée chaque année ; sa mine se trouve sur les sommets des montagnes.

C'est un minerai contenu dans le sable et dans les roches de toutes les montagnes ; il se trouve aussi dans les matières colorantes, dans les mers, dans les arbres, dans les plantes et les eaux, et tout ce qui est analogue. Dès que vous l'aurez reconnu, prenez-le et faites-en de la chaux. Extrayez-en l'âme, le corps et l'esprit ; puis séparez chacune de ces choses et placez-les chacune dans le vase connu qui lui est attribué. Mélangez les couleurs, comme le font les peintres pour le noir, le blanc, le jaune et le rouge, et comme le font les médecins dans leurs mixtures, où entrent l'humide et le sec, le chaud et le froid, le mou et le dur, de façon à obtenir un mélange bien équilibré et favorable aux corps. Cela se fait à l'aide de poids déterminés, selon lesquels se combinent les choses pondérées ; puis on confond en une seule les qualités diverses. Je viens de vous en donner un exemple ; je vous ai enseigné les principes certains et les mystères, en les dégageant des énigmes dans lesquelles les Anciens les avaient enveloppés. Ne vous écartez pas de la description qui se trouve dans le volume qui a pour titre : *Modzhib ed-dholma ou monawwir ed-dhou.*

(Ensuite il y avait les figures ci-dessous qui entouraient le manuscrit dans le sens de la longueur) :

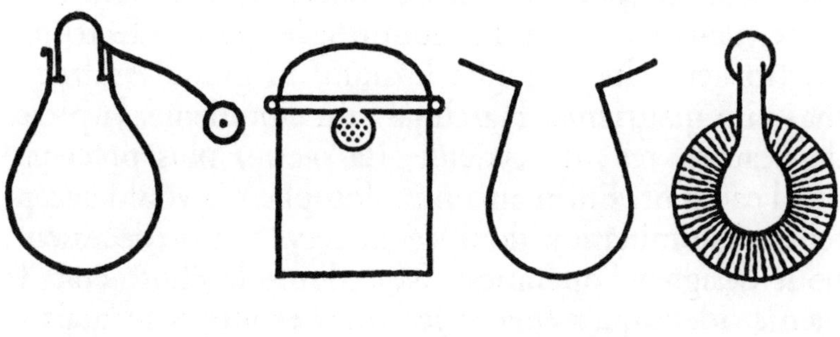

Quand j'eus fini d'examiner ces figures et que j'en eus saisi les qualités secrètes, je me penchai pour lire ce que contenait le volume qu'Hermès tenait à la main. J'y vis la description de deux hommes dont l'un ne songeait qu'aux biens de ce monde et à ses joies ; tandis que l'autre n'avait souci que de la vertu, de la sagesse, de la paix et du bien, conformément aux principes de la religion révélée. Chacun d'eux croyait être dans la bonne voie. L'un s'appelait *Thatha men El-Hokama* (il s'est incliné devant les philosophes) ; c'était l'homme vertueux et spiritualiste ; quant à l'autre, je ne sus point son nom. Ils avaient discuté entre eux sur une question. Le spiritualiste avait dit à l'autre : « Es-tu capable de connaître ton âme d'une manière complète ? Si tu la connaissais comme il convient, et si tu savais ce qui peut la rendre meilleure, tu serais apte à reconnaître que les noms que les philosophes lui ont donnés autrefois ne sont point ses noms véritables. » Quand j'eus lu ces mots dans le volume, je frappai mes mains l'une contre l'autre et m'écriai : « O noms douteux qui ressemblez aux noms véritables, que d'erreurs et d'angoisses vous avez provoquées parmi les hommes ! » Alors il me sembla qu'un ange me répondait : « Tu as raison ; telle a été l'œuvre des philosophes, et c'est là ce qu'ils ont mis dans leurs livres ; car l'un l'a appelée la Magnésie ; un autre, dans son livre, l'a nommée le grand Electrum ; un troisième lui a donné le nom du grand Androdamas ; un quatrième, Harchqal ; un cinquième, la pierre de l'eau de fer ; un sixième, (la pierre) plus précieuse que l'eau d'or. Enfin aucun philosophe n'a voulu accepter la dénomination dont s'était servi son prédécesseur, pour désigner l'opération. Sans doute la chose était la même, identiques étaient les voies et moyens ; mais la divergence portait sur l'appellation. Chacun de ceux qui étaient arrivés au sommet de la science prétendait formuler une dénomination d'origine différente de celle de son concurrent, et c'est pour cette cause que la confusion s'est accrue. On a agi de même pour l'opération, les couleurs et les poids. Ils ont troublé tous ceux qui, après eux, ont suivi leurs doctrines et les ont induits en doute ; si bien que la plupart ont nié que tout cela fût une chose vraie.

J'interrogeai ensuite ce personnage sur la raison qui avait ainsi corrompu les gens et les avait induits en erreur. Il me répondit : « Tu as le volume devant toi, lis-le et tu y trouveras tout ce que je t'ai enseigné. » Je lus alors le traité sur l'eau de soufre. Je croyais, sans le moindre doute, comprendre le sens de ce que je lisais. « Pensez-vous, lui dis-je, que tout cela soit évident ? – Dieu nous préserve de l'erreur ! s'écria-t-il : tout ce qu'ils ont exposé est exact, et ils n'ont pas dit autre chose que la vérité ; mais ils ont employé des noms qui ont pu établir une confusion au sujet de la vérité. Les uns l'ont désigné d'après son goût, d'autres d'après ses caractères, ou son utilité, sans s'inquiéter de ce qui était au-delà. Sache, ô Cratès Es-Semaoui (le Céleste), qu'il n'est pas un seul philosophe qui n'ait fait tous ses efforts pour démontrer la vérité. La difficulté qu'ils ont trouvée à éclaircir ces choses pour les ignorants, les a entraînés à la prolixité. Aussi ont-ils dit ce qu'il fallait et ce qu'il ne fallait pas. Les ignorants ont traité à la façon d'un jouet ces livres qu'ils avaient entre leurs mains ; ils les ont tournés en dérision et les ont ensuite rejetés comme funestes, rebutants, attristants et dérisoires, en ce qui touche la connaissance de la vérité. – Comment, lui répliquai-je, ne serait-on pas rebuté par la lecture de ces livres et de ces volumes, dans lesquels on trouve des mots qui semblent dire les mêmes choses et qui diffèrent cependant dans leur application ? On est troublé de ne pas savoir quel est le sens qu'il faut adopter, la leçon dont on a besoin. – Je vais te dire, ô mon fils, me répondit-il, d'où viennent ces erreurs et ces ennuis funestes. Tous les hommes appartiennent nécessairement à l'une des deux catégories suivantes : la première comprend tout individu dont l'esprit est uniquement dirigé vers la sagesse, la recherche de la science, l'enseignement des lois des natures, les affinités de ces dernières, leurs avantages et leurs inconvénients. Celui qui appartient à cette catégorie se préoccupe d'avoir des livres, de les rechercher, de vouer son esprit, son âme et son corps à répandre les notions qu'ils renferment. Quand il y trouve quelque chose de clair et de précis, il en remercie Dieu ; s'il y rencontre un point obscur, il fait tous ses efforts pour en avoir une idée exacte par ses études, arriver ainsi au but qu'il s'est proposé et agir en conséquence.

Dans la seconde catégorie, on rangera l'homme qui ne songe qu'à son ventre, qui ne s'inquiète ni de ce monde, ni de la vie future ; celui-là, les livres ne font qu'accroître son ignorance et son aveuglement ; aussi doit-il nécessairement être lourd d'esprit et le devenir de plus en plus. »

« Vous avez raison, lui-dis-je, et vos paroles sont exactes. » Puis j'ajoutai : « Si vous m'y autorisez, je vous exposerai ce que je compte faire avec cette science merveilleuse, pour ceux qui viendront après moi. – Dis, me répondit-il. » Quand je lui eus exposé mes idées, il sourit et il ajouta : « Tes intentions sont excellentes, mais ton âme ne se résoudra jamais à divulguer la vérité, à cause des diversités des opinions et des misères de l'orgueil. – Prescrivez-moi, répartis-je, jusqu'à quel point je dois aller. »

« Écris ceci, me dit-il : Prenez du cuivre et ce qui ressemble au cuivre, le poids de deux *menn* ; que la matière soit brute et n'ait subi aucune préparation. Prenez également le même poids de mercure et de ce qui ressemble au mercure, les deux matières blanches, brutes et non préparées, pareillement. Tous ceux qui viendront après vous ne sauront pas reconnaître que ce sont des esprits, si vous ne les avez pas désignés par leurs noms. L'homme faible et non sagace qui lira cela, prendra des esprits faibles, qui ne pourront pas supporter le feu, qui n'auront aucune force, et qui seront dévorés par le feu durant l'opération. Comme il n'obtiendra rien, son angoisse et son aveuglement ne feront que s'accroître, attendu qu'il aurait dû suivre ce précepte des Anciens : rendez les corps incorporels. Sachez que le cuivre a, de même que l'homme, une âme, un esprit et un corps. Ne parle pas dans ton livre des soufres secs, ni des arsenics et autres choses semblables ; car dans toutes ces substances, il n'y a rien de bon. Tu le sais d'ailleurs, car le feu les dévore et les brûle ; on n'en peut retirer aucun profit. Quant à notre soufre, dont tu auras à parler dans ton livre, c'est un soufre qui ne brûle pas et que le feu ne peut dévorer, mais qui se volatilise sous l'action du feu. C'est pour cela que les Anciens prétendaient que les substances qui se volatilisaient contenaient l'esprit tinctorial, en même temps que la fumée. De même l'eau composée n'est parfaite qu'à la condition d'être pareille au mélange (précédent). Tout ceci est extrait textuellement du livre.

Ces esprits tinctoriaux, susceptibles de se volatiliser par l'action de la chaleur intense du feu, lorsque les corps sont blanchis, il convient de les ajouter aux esprits tinctoriaux qui proviennent des corps, dont (les derniers esprits) ont été extraits par volatilisation. C'est ce produit qui, avec la permission de Dieu, fera revivre les corps, les améliorera et leur rendra l'état parfait que vous cherchez à leur donner. »

Je demeurai stupéfait d'admiration. Il me répéta alors ses paroles et ajouta : « Rédige ton livre d'après les informations que je t'ai données ; sache que je suis avec toi et que je ne t'abandonnerai pas, tant que tu n'auras pas achevé ton entreprise ; elle te vaudra la faveur de Dieu. Sache aussi que la combinaison des corps n'a lieu qu'autant que les corps présentent entre eux une certaine affinité de couleur et de goût. Tu les fais fondre ensemble, afin qu'ils se mélangent et deviennent un liquide homogène, lequel s'appelle alors l'eau de soufre pure : elle ne renferme plus aucun mauvais principe. Voici un mystère éclairci.

C'est avec cette substance que l'on fait le soufre sec, que les philosophes ont appelé rouille et ferment d'or, or à l'épreuve, et corail d'or (mot à mot : or de pourpre). Mais cela ne peut avoir lieu que quand le mélange des corps a constitué une substance homogène ; alors il s'appelle la chose excellente et il reçoit plusieurs noms. Écris tout ceci, afin d'obtenir le molybdochalque, en qui réside toute vertu secrète. Néanmoins je suis d'avis que tu n'inscrives point toutes ces combinaisons multiples dans un livre destiné à ceux qui viendront après toi ; car toute l'œuvre est contenue dans le seul molybdochalque. »

Lorsqu'il m'eut fait bien comprendre toutes ces choses, il disparut et je revins à moi-même. J'étais comme un homme qui se réveille la tête lourde et troublé par son sommeil. Deux choses surtout m'avaient fait une vive impression : la première, c'est qu'il m'avait détourné du projet d'écrire le livre que j'avais conçu ; la seconde, c'est qu'il n'avait pas achevé son discours, avant de disparaître à mes yeux.

Alors je demandai à l'Éternel des Éternels de me recommander à cet ange, de telle façon que je pusse achever d'obtenir de lui les révélations qu'il avait commencées sur la nature des choses. Je me mis à jeûner, à prier, à rester en contemplation, jusqu'à ce qu'enfin l'ange m'apparut (encore) et me dit : « Tu sais que quand nous parlons de *ouaraq* (non ?) monnayé, nous voulons seulement indiquer notre argent et notre or. Quand ces substances sont mélangées dans le vase et qu'elles blanchissent, nous les appelons argent ; nous les appelons or, lorsqu'elles sont rouges. Si on y ajoute du soufre et que l'on travaille le produit, nous lui donnons alors le nom de ferment d'or, ou quelque nom de ce genre.

Écris : Prenez les minéraux en poids voulu ; mélangez-les avec du mercure et opérez jusqu'à ce que le produit devienne un poison igné, et vous aurez ce que nous appelons du molybdochalque. Quand les corps auront été brûlés et qu'ils seront fixés, nous appellerons le produit du soufre sec. Alors il produira de l'or pur et teindra l'argent en or. (Nous n'entendons pas parler ici de l'argent du vulgaire, mais de l'argent combiné par les philosophes et auquel seul nous donnons le nom d'argent *[ouaraq].*) Si nous y ajoutons le reste du poison, il teindra l'or, et ce ne sera pas l'or du vulgaire, mais la combinaison qui teint en rouge et que nous appelons or. Nous vous indiquerons les poids plus tard. Quant aux corps, ils ont tous une ombre et une substance noire, qui se trouvent à la surface, dans tous les métaux qui les possèdent. Le mercure, comme tous les autres corps, a une ombre et une substance noire. Il convient d'en extraire cette ombre et cette substance noire, comme on les extrait des autres corps. »

Je lui demandai comment nous pourrions extraire l'ombre du mercure. Il me répondit : « En le mélangeant aux autres corps, car alors il est blanchi. – Comment cela ? lui dis-je, puisque les philosophes disent que le mercure seul est capable de blanchir le cuivre. – Ils devraient plutôt dire, répliqua-t-il, que le mercure est blanchi ; car les corps qui résistent au feu ne laissent rien dégager, et il n'y a que le mercure qui se dégage et se volatilise sous l'action du feu. Lorsqu'il est extrait au moyen du feu, il se volatilise, et les autres corps résistent au feu. Si vous remettez ces corps sur le feu, aussitôt qu'ils y auront été remis et que (le mercure) se sera mélangé à eux, on aura un corps pur, car il demeurera avec eux. Les esprits, sous l'action d'une chaleur violente, se dégagent de ces corps, et ces corps deviennent morts, sans esprit, puisqu'ils ont subi la volatilisation. Si on rend aux corps leurs esprits, ils redeviennent vivants. C'est pour cela que les Anciens ont dit que le cuivre avait un corps et une âme. Pourtant certaines personnes ont cherché son esprit, et pour cela elles ont opéré sur le cuivre, afin d'en faire un corps fort, capable de teindre et résistant au feu. Ces personnes-là se sont laissé séduire par [...] [1] lorsqu'elles ont voulu transformer les esprits en corps, sans l'aide d'un corps. Personne, en effet, n'a jamais vu une âme qui fût fixée autre part que dans un corps, ni un corps qui existât sans âme. Le corps sans âme est incapable de se mouvoir, d'engendrer et de contracter union.

« Sache d'une manière certaine que tous les corps renferment des impuretés, et que les impuretés des trois corps ne peuvent être éliminées, qu'autant qu'on les mélange pour en réaliser la volatilisation. Le feu les nettoie pour ainsi dire et élimine la partie noire ; car un feu dont la chaleur est convenablement dirigée, nettoie les corps et les épure. C'est le feu seul qui les nettoie, les épure, les améliore, les affine et les fait devenir blancs et rouges. Mais il convient que je t'indique combien de fois il faut remettre du mercure dans les corps. – Dites-

1. Mot peu lisible.

le moi, je vous prie, m'écriai-je. – Les Anciens, me répondit-il, ont dit que le grillage avec le plomb et le soufre constituait une première forme de grillage ; le grillage avec le mercure, la seconde. Puis ils ont ajouté : remettez les lames dans la solution, afin d'en faire sortir les impuretés : ce sera la troisième opération. Broyez avec le mercure, ce sera la quatrième. Pilez avec du miel et du collyre, ce sera la cinquième. Pilez avec de la litharge, avec du miel, ce sera la sixième. Pilez l'*ozza* d'or avec de l'urine de veau, ce sera la septième. » Puis il ajouta : « Quant à moi, j'estime qu'il faut remettre les corps dans la solution : car plus on les y met et plus on les y laisse, plus ils acquièrent de beauté et d'aptitude à la teinture. Or il faut toujours chercher le mieux, quand cela est possible. Je viens de te révéler des choses qui, je le crains, ne pourront être comprises par l'intelligence, la sagacité et la science de personne.

Quant aux noms que les Anciens ont donnés, comme, par exemple, ceux de cuivre, d'argent, de chair, de molybdochalque, d'or, de fleur d'or, de corail d'or, ce sont là des dénominations qu'ils ont créées pour désigner l'élixir. Ils ont voulu ainsi indiquer chacune des couleurs que prend l'élixir, et ils ont suivi jusqu'au bout l'ordre dans lequel elles se produisent. Chaque fois qu'on augmentait la fluidité du mélange, une nouvelle couleur était déterminée ; à chaque changement de couleur, on donnait un nouveau nom au mélange, et sa puissance tinctoriale augmentait.

Aussi les livres secrets des philosophes l'ont-ils nommé d'abord plomb ; puis quand il a été cuit et que le noir en a été extrait, on l'a appelé argent ; ensuite, lorsqu'il a été transformé, cuivre. Quand on a versé sur ce produit de l'humidité, après la rouille ; lorsque l'on a éliminé la matière noire dans la partie rouillée et qu'on a vu apparaître le jaune, on lui a donné alors le nom d'or. A la suite de la quatrième opération, nous l'avons appelé ferment d'or ; à la suite de la cinquième, or à l'épreuve ; à la suite de la sixième, corail d'or (or de pourpre) ; enfin à la suite de la septième opération, c'est l'œuvre parfaite, la teinture pénétrante.

Tous ces noms ne s'acquièrent que sous l'influence du feu, et c'est grâce à lui que les opérations engendrent ces qualités, qu'aucune teinture ne développe à un si haut degré, ni avec une telle intensité et qu'on ne saurait, sans illusion, chercher à obtenir autrement. Si les gens connaissaient la puissance nécessaire pour former la meilleure qualité, ils sauraient qu'une seule matière peut donner naissance aux dix produits dénommés par les Anciens. »

« Montrez-moi, lui dis-je, quelle est cette matière unique qui produit les dix. – Sachez, me répondit-il, que les dix qui peuvent être ainsi formés répondent aux dix noms qui ont été établis par Démocrite, et pour chacun desquels il a déterminé une opération. Quant à la matière unique qui a plus d'effet que les dix, les philosophes ont refusé de lui donner un nom particulier ; mais lui en eussent-ils donné un, que cela n'aurait pas permis d'en tirer profit : car ils n'ont point indiqué si la matière était composée, ou simple. Celui qui voudra se servir plus tard de la propriété de cette matière, devra démontrer comment elle est composée, et pourquoi, malgré sa composition, elle est appelée unique. C'est ainsi que les laits ne portent qu'un seul nom, bien qu'ils renferment quatre natures, qui assurent l'existence de leur corps et de leur esprit ; ils n'ont qu'une seule désignation et une seule nature. Les philosophes ont procédé de cette façon : ils ont mélangé leurs ingrédients et les ont combinés, de manière à obtenir un produit homogène, auquel ils n'ont donné qu'un seul nom. On assure qu'ils ont fait serment entre eux de ne jamais faire connaître cette chose à quelqu'un qui ne fût pas des leurs. – S'ils ont juré, répartis-je, de ne point divulguer cela, pourquoi blâment-ils les gens et leur reprochent-ils leur défaut d'intelligence, leur incapacité à trouver la vraie voie de cette science ; pourquoi blâment-ils ces gens d'entreprendre des recherches sur un sujet dont ils n'ont voulu leur donner aucune notion ? »

« Ne t'ai-je pas dit, me répondit-il, que le maître de Démocrite ne lui avait pas enseigné la combinaison des matières et qu'il l'avait laissé dans un doute poignant à cet égard ? Aussi Démocrite dut-il étudier les livres, faire des recherches, multiplier les expériences et les informations et éprouver de graves déboires, avant d'arriver à la voie droite. D'après ce qu'il raconte, il ne trouva rien de plus difficile que d'obtenir le mélange intime, propre à réaliser la combinaison des matières. » Je lui dis ensuite : « Laissez de côté les détails accessoires ; hâtez-vous de décrire le but et soyez bref dans votre discours ; écartez-en toute longueur et toute amplification qui ne seraient point nécessaires. » Il me répondit : « L'opération fera blanchir le cuivre à l'extérieur et également à l'intérieur ; de même qu'il est rouillé extérieurement, il sera rouillé intérieurement ; enfin tout ce qui brillera à l'extérieur brillera également à l'intérieur. – Et quand il brillera tant à l'intérieur qu'à l'extérieur ? » m'écriai-je, pour essayer de l'entraîner à éclaircir toutes ces choses et à me les expliquer, la conversation échangée entre nous me conduisant enfin au but que je m'étais proposé, et à l'espérance de tirer profit de l'occasion. – « Je t'ai seulement enseigné, me dit-il, que la substance blanchira et rouillera, puis qu'elle se volatilisera. Or il faut que tu saches également que le but principal est d'obtenir la rouille ; quand ce résultat est obtenu, tu auras le commencement de la préparation, c'est-à-dire la teinture fugace.

Toute combinaison est formée de deux composants aptes à s'unir. Par exemple, l'homme et la femme sont des éléments composants ; s'il se réunissent et qu'ils s'accouplent, Dieu fait sortir d'eux un enfant, et cela en vertu de l'attrait que Dieu a mis dans chacun d'eux pour l'autre ; en sorte qu'ils sont nécessaires l'un à l'autre et qu'ils éprouvent de la joie à se rencontrer. Telle est la science de la chose unique et sa démonstration. »

« Par ma vie ! m'écriai-je, vous venez de m'expliquer clairement la matière unique et de me la démontrer. Vous prétendez donc que la matière unique, bien qu'ainsi appelée, est formée de diverses matières, et que c'est une combinaison : lorsqu'on opère sur elle, elle passe d'une couleur à une autre couleur. » – Il répondit : « Ainsi le plomb n'a pas la même énergie que la litharge et ne produit pas les mêmes effets ; la litharge, à son tour, n'a pas la même puissance que la céruse, qui, elle-même, n'agit point à l'égal du minium. Ces quatre choses proviennent d'une matière unique, qui est le plomb, et cependant chacune d'elles a son caractère particulier, son énergie propre et ses qualités qui se développent sous l'influence du feu. Les gens qui ont l'esprit subtil et l'intelligence pénétrante comprendront le sens des paroles que je viens de dire. Quant aux ignorants, ils me traiteront d'imposteur, parce que leur compréhension ne leur permet pas d'atteindre à la connaissance de ce que nous venons d'exposer. Ils nieront donc la vérité, ils prétendront que le ver ne devient pas serpent et que le serpent ne devient pas dragon. Or, vous savez que l'animal (symbolique) sur lequel opèrent les philosophes, est une certaine chose, qui de ver devient serpent, et de serpent, dragon. En effet, au début de l'opération le corps est brillant comme de l'argent, dur comme de l'or, et tantôt rouge comme du minium, tantôt noir comme les ténèbres. Celui qui traite tout cela de fable et qui prétend que ce que vous avez écrit dans ce livre n'est fait que pour donner le change sur les obscurités et les énigmes des ouvrages des Anciens, en les imitant ; il est vraiment bien étrange que cet homme n'aille pas trouver les gens qui opèrent à l'aide du plomb, de la litharge, de la céruse et du minium ; car il verrait alors que tout ce que nous avons dit est la vérité, puisque avec une seule matière ces gens-là ont fait des produits divers, auxquels ils ont donné des noms différents, quoique en réalité tout cela fût une même matière. Il en est de même de ce que nous avons expliqué. Chaque fois qu'on a fait une addition, on a obtenu une couleur nouvelle, à laquelle nous avons donné un nom, jusqu'à ce que nous ayons épuisé la série des appellations de ces divers mélanges. Au début, le corps s'est appelé molybdochalque et corps de la magnésie ; puis il a pris le nom de plomb, ou encore parfois de plomb noir, ou de plomb blanc. Or, la chose unique, c'est le plomb, dont les Anciens ont dit qu'il avait la supériorité sur les dix. Elle est née des combinaisons de ce principe unique que nous avons appelé plomb. »

« D'après vos paroles, ô âme vertueuse, repris-je, que convient-il d'extraire de ce plomb : des couleurs, ou des matières (colorables) ? – Ce qu'il faut extraire, me répondit-il, ce sont les matières colorables, et les couleurs auxquelles les Anciens ont donné des noms de matières. Ainsi ce que nous nommons cinabre (couleur) n'est point le vrai cinabre ; il en est de même des dix noms dont je t'ai parlé et que domine la matière unique ; ces substances ne sont au nombre de dix qu'en tant que noms. Mais chaque fois qu'une de ces dix substances a acquis une coloration nouvelle, nous lui avons donné un nom ; bien que ce fût toujours le même principe, c'est-à-dire le plomb dont je t'ai enseigné la nature. Il comprend des substances diverses, mélangées, accouplées et intimement réunies les unes aux autres, de façon à fournir un tout homogène. Chacune des propriétés s'est portée sur la substance qui lui correspondait, se l'est assimilée et en a fait un tout solide, non fugace, qui s'est de plus en plus consolidé. Telle est la matière unique dont je vous ai parlé et que les philosophes ont répartie entre de nombreuses opérations et de couleurs diverses, sans cependant être jamais d'accord, ni sur les substances, ni sur les couleurs, ni sur les opérations. Il en est qui lui ont donné des noms de substances solides, et d'autres des noms de substances liquides. Je t'ai livré tous les éclaircissements que j'avais projeté de te faire connaître sur ce sujet, en le dégageant de toutes les obscurités dont on l'avait enveloppé ; j'ai écarté, grâce à Dieu, tous les mystères qui entouraient la mise en œuvre de la pratique de ce livre, mystères que les philosophes avaient entassés à dessein, pour empêcher d'obtenir les résultats indiqués en termes concis et peu intelligibles. »

« Maintenant, dis-je, donnez-moi des explications sur cette matière unique, que vous appelez plomb ; et sur cette eau, c'est-à-dire sur l'eau qui en est formée. Pourquoi a-t-on nommé matière unique ce produit combiné ? Enfin mettez le comble à votre bonté en m'expliquant tout cela et en condescendant à me faire des confidences complètes [...] [1]. Vous aurez droit alors à toute la reconnaissance de la foule des savants, et Dieu, à cause de cela, vous comblera de ses bienfaits. Surtout, soyez clair. »

« Dans ce plomb, me répondit-il, il y a les quatre natures analogues à celles que l'on retrouve en ce monde, et le secret cherché, qui a été la cause de la mort successive des hommes. Ces quatre natures ont des couleurs diverses : l'une est blanche ; l'autre rouge ; une autre noire. Quelques-unes se détruisent l'une l'autre quand on les mélange, pour former un tout homogène où domine le noir, et le blanc se trouve alors renfermé dans l'intérieur de la substance, qui est recouverte et enveloppée par la couleur noire. Tel est le cas des substances que nous nommons plomb blanc et verre noir.

« Sache d'une manière positive, toi qui as déjà la science et la certitude, que les Anciens n'ont pas employé la dénomination de soleil (or), et cependant ils l'ont fait entrer dans leurs combinaisons. En effet, la substance essentielle (pour les teintures), c'est-à-dire Vénus (cuivre), ne teint pas avant d'avoir été teinte. Lorsqu'elle est teinte sans avoir produit directement de l'or, elle entre dans les autres combinaisons : ceux qui la possèdent, la serrent et la gardent, car l'influence de sa couleur se manifeste sur les autres teintures. Ils l'appellent *l'écrivain*, lorsqu'elle est entrée dans les combi-

1. Lacune dans le texte.

naisons. L'écrivain, c'est ce qui retient toute chose ; il fait vivre les corps et apparaître leurs couleurs. Pour moi, j'ordonne à tous ceux que j'aime, parmi mes fidèles, mes frères et mes disciples particuliers, de se contenter de cet écrivain ; car aucun des Anciens, comme tu le sais, ne s'est contenté de ce qui vous a été expliqué. »

Pendant que je causais avec mon interlocuteur et que je lui demandais d'ajouter d'autres éclaircissements et des notions précises, pour servir à la rédaction du présent livre, je perdis tout à coup connaissance, après la disparition du soleil, et je me vis comme dans un songe, transporté dans un autre ciel et un nouveau firmament. Je me dirigeai vers le sanctuaire de Phta, qui renferme les couleurs du feu. Quand j'entrai dans le sanctuaire, par la porte orientale, j'aperçus dans les cieux un grand nombre de vases d'or ; je ne vis personne se prosterner devant eux, mais seulement devant l'idole de Vénus. C'est cette idole en effet que l'on adorait dans le sanctuaire.

« Qui a fait ces vases ? » demandai-je. L'idole répondit : « Ils ont été faits avec le molybdochalque du Sage. Sache, ô Cratès, homme aux nombreux désirs, que ce n'est ni un crime ni un péché pour moi, si je t'enseigne que c'est le plomb de Temnis le Sage qui a servi à fabriquer ces vases ; mais là-dessus, garde le silence. » Et il ajouta : « Oui, garde le secret là-dessus ; car tous les philosophes l'ont gardé avec le plus grand soin. Cependant, je puis t'en révéler quelque chose, c'est qu'il est extrêmement froid et que les corps lui demandent la vie pour être capables de résister à l'action du feu : c'est grâce à lui que les corps (métalliques) se solidifient et se forment en lingots. »

M'adressant alors au firmament de Vénus, je lui dis :

« Je rends grâce à votre créateur. Cette nature unique qui vivifie ainsi les corps et qui leur permet de lutter contre le feu, n'est-ce pas la gomme ? – Oui, répondit-elle, c'est la gomme, non la gomme du vulgaire, mais une gomme purifiée, impérissable. – Je désire, répliquai-je, en m'adressant à Vénus, faire connaître clairement cette substance à ceux qui en ignorent le secret. Comment pouvez-vous dire une pareille chose au sujet du plomb, alors que tous les livres nous enseignent qu'il faut le transformer en esprit volatil ? – Tu n'as donc pas compris les paroles de Démocrite, dans le passage de son livre : « S'il espère obtenir ce qu'il recherche. » S'il n'en était pas ainsi, il aurait dit : « Le plomb, mélange-le et éprouve-le dans la fusion bouillonnante. Ne lui faites point dire des choses fausses. »

Puis Vénus ajouta : « Si tu veux que je t'en dise davantage, sors par la porte du sud, par laquelle tu es entré, et pénètre dans ma demeure. » Je sortis par la porte du sud et je rencontrai un grand nombre de femmes : les unes entraient dans la demeure de Vénus, les autres en sortaient. Il y en avait qui vendaient des bijoux, d'autres qui en achetaient et d'autres enfin qui en fabriquaient. Il me sembla que j'étais dans un bazar très fréquenté. J'étais surpris de la quantité de bijoux qui faisaient l'objet du trafic et dont la majeure partie consistait en bracelets, couleur de pourpre mélangée, et dans lesquels on avait serti des pierres. Après avoir examiné tout cela, je vis aussi des cassettes de femmes, de couleurs diverses, formées d'or et de pierreries, et nombre de bagues, également ornées de pierreries et de perles. Cela fait, je me dirigeai vers la demeure de Vénus et j'y entrai ; ce séjour était tel que la description ne saurait en être faite. Vénus était au milieu du sanctuaire ; sa beauté défiait toute description, et elle était parée de nombreux bijoux, tels que je n'avais jamais vu les pareils. Sur sa tête il y avait un diadème de perles blanches ; dans sa main elle tenait un vase [...] [1] de l'orifice duquel coulait sans cesse l'argent liquide. Mon regard était ébloui et mon cœur troublé par les merveilles que je voyais.

A la droite de Vénus se trouvait un devin de l'Inde, qui lui parlait secrètement à l'oreille. Je demandai tout bas quel était ce personnage, qui causait secrètement avec Vénus. On me répondit que c'était son ministre, qui voulait s'associer à elle pour [...] [2]. Je m'approchai alors de lui pour essayer de comprendre ce qu'il disait en secret à Vénus ; il se tourna alors vers moi, en fronçant ses sourcils et me montrant un visage sévère, puis il me fit signe de décrire tous les objets contenus dans le sanctuaire.

A peine m'étais-je mis en devoir de le faire, que j'en fus détourné en voyant des gens de l'Inde qui, tous, sans exception, préparaient leurs arcs pour me décocher des flèches. L'un d'eux s'approcha de moi et me donnant une poussée, il me fit sortir du sanctuaire, en disant : « Non, par Vénus ! je ne te laisserai pas écrire la description de ce que tu as vu dans ce sanctuaire, puisque tu as l'intention de divulguer nos secrets. » Puis il s'empara de moi et me frappa avec la plus grande violence, si bien qu'il me sembla, tant la douleur était forte, que je me réveillais, tout effrayé sur mon sort. Je me sentais le cœur malade et endolori ; mes yeux se fermèrent ensuite sous l'impression d'une vive angoisse

1. Lacune.
2. Lacune.

et je m'endormis. Je venais d'éprouver ce que j'avais cherché à fuir et ce dont je voulais m'abstenir.

Tandis que j'étais ainsi, je me sentis enveloppé d'un parfum dont j'ignorais la provenance. Tout à coup apparut une femme joyeuse, et qui ne pouvait contenir ses éclats de rire. Elle ressemblait à Vénus par sa beauté, et ses amis lui en avaient donné le nom, emprunté à celui de l'idole ; mais ce n'était pas son véritable nom et on ne le lui avait appliqué que parce que Vénus l'avait en grande affection. Celle qu'on nomme ainsi du nom de Vénus éprouve un tressaillement naturel, grâce auquel Dieu réunit le bien et la félicité. Elle m'interpella ainsi : « Par Vénus ! ô Cratès, jure-moi que si je t'informe d'où vient ce délicieux parfum, tu n'en parleras à personne. – Aussi vrai que j'ai reçu une volée de coups, lui répondis-je, je te promets de garder le secret là-dessus. » Aussitôt elle détacha de sa taille une ceinture d'or, dans laquelle se trouvaient incrustées deux pierres, l'une blanche et l'autre rouge ; sur ces deux pierres étaient sertis deux morceaux de soufre, qui n'étaient pas des morceaux de (vrai) soufre. « Prends, me dit-elle, cette ceinture ; arrose-la avec la liqueur, jusqu'à ce qu'elle vive et qu'elle change de nature : alors il en sortira ce parfum que tu viens de sentir. »

On prétend que la substance d'où l'on extrait ces bijoux que j'ai vus sert [...] [1], et que cette substance éprouve l'action de l'humidité et de la sécheresse [...] [2].

Ceci est dit pour celui qui est intelligent et qui comprend.

A ce moment, je me réveillai et je me retrouvai à

1. Passage peu lisible.
2. Passage peu lisible.

l'endroit que j'occupais auparavant dans ce ciel. Je vis apparaître l'ange qui m'avait promis de ne pas me quitter, avant de m'avoir donné d'une manière complète et claire les renseignements sur le sujet (qui me tourmentait). « Retourne, me dit-il, aux choses dont tu t'occupais et achève la rédaction du livre que tu as conçu, afin d'expliquer le sens des textes des Anciens et leurs discours étranges. – Parlez, m'écriai-je. – La composition blanche, me répondit-il, c'est le corps de la magnésie ; il est composé de choses fixées, réunies en une seule composition, de façon à former un tout homogène, que l'on désigne par un nom unique : c'est ce que les Anciens appelaient aussi le molybdochalque. Lorsqu'il a subi l'opération, on lui donne les dix noms, tirés des couleurs qui apparaissent au cours de l'opération sur le corps de la magnésie ; c'est pendant cette opération que le mercure agit sur les quatre corps. Les corps qui réagissent sont : le mercure, la terre brillante (?), la terre tirée des quatre corps et la sélénite. Tout cela ayant été fondu ensemble a donné naissance au corps de la magnésie. Il faut ensuite transformer le plomb noir ; alors apparaissent les dix couleurs. Toutefois, par tous ces noms que nous avons donnés, nous avons voulu entendre seulement le molybdochalque, qui est l'agent tinctorial de tous les corps entrant dans la combinaison. Or, toute combinaison est formée de deux éléments : l'un humide, l'autre sec. Si nous la soumettons à la coction, ils se confondent ensemble ; on l'appelle alors la chose excellente ; elle a de nombreux noms. Quand le produit est rouge, il s'appelle fleur d'or et ferment d'or, ou encore minium, soufre rouge, arsenic rouge. Mais, pour nous, nous avons continué à l'appeler molybdochalque, lingot et lame (métallique). Je viens de vous expliquer les noms, avant et après la cuisson, et je vous ai donné toutes les distinctions qu'il m'était possible de vous faire connaître.

Maintenant, il convient que je vous parle des diverses sortes du feu, du nombres des jours qu'il doit durer, de la variété du feu, suivant l'intensité qu'on veut obtenir à tous les degrés. Peut-être qu'en connaissant bien ce sujet, et en en faisant une étude spéciale, on arrivera à vaincre la misère laquelle ne peut être guérie autrement que par cette œuvre auguste. Les catégories de feu sont nombreuses : il y a le feu faible, le feu sous la cendre, la braise, la flamme légère, la flamme moyenne et la flamme vive. L'expérience, seule, peut permettre d'obtenir les diverses sortes qui prennent place entre ces catégories. Quant au nombre de jours, le molybdochalque, dont le traitement est notre objet essentiel, se produit en un jour, ou en une fraction de jour. Plus loin, je vous dirai, en son lieu et place, le nombre de jours nécessaires pour parachever le poison et l'élixir.

Sachez, d'une façon positive, que si l'on place de l'or pur dans la combinaison, la teinture prend une couleur rouge pur ; si l'on y met de l'or blanc, la teinture est également d'un blanc éclatant. C'est pour cela que l'on trouve dans les trésors des philosophes les expressions d'or supérieur et d'or éclatant, suivant l'or qu'ils ont introduit dans leur combinaison. Quand toutes ces natures se sont mélangées et qu'elles sont devenues du molybdochalque, les natures primitives se confondent en une nature unique et elles forment une espèce unique. Lorsque la matière est dans cet état, on la verse dans un vase en verre, afin de voir comment la combinaison absorbe le liquide, et pour apercevoir aussi la succession des couleurs, celle de la combinaison à chacun de ses degrés, jusqu'à ce qu'enfin on ait obtenu le rouge généreux, formé par l'élixir.

Quant à l'agent que les philosophes ont prescrit à plusieurs reprises de mettre en œuvre, il ne convient de l'employer qu'une seule fois. Si vous voulez vous assurer de la vérité sur ce point douteux, vous n'avez qu'à examiner ce qu'en dit Démocrite, dans le passage qui commence ainsi : « de bas en haut » ; puis il revient là-dessus en disant : « de haut en bas », et il ajoute : « Mettez le fer, le plomb ; le plomb à cause du cuivre, et le cuivre à cause de l'argent ; puis de l'argent, du cuivre, du plomb et du fer. » Enfin il s'explique nettement en ces termes : « N'en mettez qu'une seule fois. »

Soyez assuré que l'or ne se transforme qu'avec le plomb et le cuivre. Il se dissout dans ce vinaigre, dont la composition est connue des philosophes, et il se transforme en rouille : c'est de cette rouille que les philosophes veulent parler quand ils disent : Mettez de l'or, il s'amollira ; mettez encore de l'or et ce sera du corail d'or. (Tous ces noms sont les noms véritables des corps. Quant aux indications vagues fournies par les philosophes, au sujet des matières qui ont des noms spéciaux, elles ont pour objet de désigner les corps solides et la solution. Toutefois il convient de nommer la matière unique.) Il convient de mettre du vinaigre, parce que c'est lui qui produit les couleurs. Il n'en faut mettre qu'une fois, de façon à obtenir la rouille ; et lorsque la rouille existe déjà, alors on met aussi le vinaigre, qui fait paraître les couleurs indiquées précédemment. On le laisse réagir durant un jour ; le liquide s'évapore. Quand la matière est devenue sèche, on l'arrose, et on l'introduit dans un vase, que l'on met sur le feu, jusqu'à ce que le résultat utile soit obtenu. Au premier degré, on a une sorte de boue jaune ; au second degré, cette boue est rouge ; enfin, au troisième degré, on a quelque chose qui ressemble à du safran sec et réduit en poudre. On le projette alors sur de l'argent vulgaire, et, la combinaison se pénétrant d'humidité et de sécheresse, on obtient un esprit.

Les corps ne pénètrent point les corps et ne peuvent les teindre. Ce qui les teint, c'est le poison igné et aériforme, qui demeure emprisonné dans les corps ; lui seul peut aisément pénétrer et se répandre dans les corps. Quant aux corps, ils sont épais ; ils ne peuvent ni pénétrer, ni se répandre dans un autre corps. C'est pour cela que la teinture n'augmente en aucune façon le poids d'un corps ; car ce qui le teint est un esprit qui n'a pas de poids.

Il est des gens qui, lorsqu'ils versent le poison sur l'argent le laissent une heure, d'autres deux heures, d'autres trois, d'autres quatre. Chacun laisse agir le poison suivant la connaissance qu'il a de sa force, et de manière qu'il pénètre l'argent et le teigne, et que l'argent l'absorbe. C'est cette nature que l'on nomme *ouilâda* (naissance), vie et teinture. On lui a donné ce nom parce que le poison, en se réunissant à l'esprit tinctorial qui est constitué par la boue (précédente), devient à son tour un esprit, au sein du corps composé avec lequel il s'unit. Quand cette substance a pénétré l'argent vivant, elle vit à son tour : ce qui se manifeste aux regards par l'apparition de la couleur. C'est ainsi que l'on place dans les écrits les sept lettres en spécifiant que cinq d'entre elles n'ont point de son. Dès qu'elle est entrée dans le corps, cette substance le fait vivre et elle y vit elle-même, aussitôt qu'elle l'a teint. Il y a parfois des teintures qui donnent des couleurs plus variées et plus belles ; mais cela tient à la perfection de l'opération, à la durée de la chaleur, de la coction, ou bien encore au grand nombre de lavages.

Maintenant, j'ai dévoilé dans ce livre la science du poison ; j'ai dit comment on opère avec lui, comment il teint et de quelle façon il se combine. Les gens intelligents ont pu en quelque sorte le voir lui-même. J'ai éclairci certaines choses, auxquelles les philosophes avaient donné des noms propres à dérouter le vulgaire. »

Je cherchai ensuite à me faire expliquer les choses extraordinaires que les philosophes avaient décrites, afin que mon livre l'emportât sur tous les autres ouvrages, attendu que j'aurais en ma possession la clef de bien des choses et leur démonstration. Enfin je voulais connaître ce que les philosophes ont dit de la teinture des corps par les corps. Il me répondit : « La rouille ne provient que des soufres. En effet, toute combinaison aboutit à des molécules humides et à des molécules sèches. Quant aux particules sèches, elles consistent dans le mélange du cuivre avec le cuivre, et du mercure avec les corps.

Les molécules sèches s'obtiennent par la cuisson dans le vase, jusqu'à ce que la dessiccation se produise, que toute l'humidité s'en aille et que ce qui était blanc devienne rouge. C'est là ce que les philosophes appellent le mercure et le soufre.

« Comment se fait-il que la teinture soit fixe et persiste au feu, alors que les philosophes disent qu'elle est fugace et volatile ? – C'est, répondit-il, parce que les corps fixes sont rendus fusibles avec les parties volatiles, et alors l'échange qui se fait entre le corps et la partie fugace amène la transformation en matière volatile.

« Pourquoi les philosophes ont-ils appelé la combinaison *othsious* (?) ? – C'est parce que la pierre othsious est engendrée chaque année et qu'elle a des couleurs variées, qui changent de nature chaque lunaison. On a donc nommé d'après cette pierre othsious la combinaison, parce qu'à chaque degré de l'opération elle passe d'une couleur à une autre. »

« Pourquoi les philosophes n'ont-ils pas appelé tous les changements de la combinaison des noms de blanchir ou rougir ? – Parce que, en entrant dans la combinaison, la teinture la modifie. Après la première cuisson, elle la rend blanche, et après la deuxième, rouge. Aussi n'a-t-on pas voulu se servir d'une manière générale des termes blanchir et rougir, parce que les deux premières combinaisons, la jaune et la rouge, sont les deux seules qui fixent des teintures. »

« Que signifient les deux derniers soufres ? – Les deux derniers soufres ne le sont que de nom ; car si c'étaient là réellement les deux derniers, il n'y aurait pas mélange des corps ; mais on les désigne sous le nom des deux derniers soufres, bien que ce ne soient pas des soufres. »

« Pourquoi les philosophes disent-ils que la nature se réjouit de la nature ? – Ceci a été également dit des deux soufres, qui ne sont des soufres que de nom. »

« Pourquoi les philosophes ont-ils dit que le corps fixe est celui qui emprisonne et que sa nature est hostile ? – Cela a été dit également à propos des deux soufres, qui ne sont des soufres que de nom. »

« Pourquoi donc cette chose qui retient la teinture, qui la fait résister au feu et qui se mélange à la combinaison, n'est-elle pas visible à l'œil nu, tant qu'elle n'a pas été projetée sur l'argent vulgaire, et ne se manifeste-t-elle que quand l'opération est terminée ? – Il en est de cela comme de la goutte de sperme qui tombe dans l'utérus et qu'on ne voit pas : l'utérus retient la goutte de sperme et le sang, qui sont cuits par le feu de l'estomac, jusqu'au moment où le sperme prend la forme d'un corps et sa couleur. Tout cela se fait à l'intérieur de l'utérus, sans qu'on le voie et sans qu'on le sache, jusqu'au moment où le Créateur des âmes fait apparaître au dehors l'être que l'on voit alors. Il en est exactement de même pour la chose sur laquelle tu m'as interrogé. »

« Pourquoi les philosophes ont-ils nommé leur combinaison : rouille, eau de soufre et gomme, en sorte qu'ils ont dit : semence d'or, rouille de cuivre, eau de cuivre, poison mielleux, poison agréable au goût ; enfin qu'ils ont employé des noms masculins et féminins, et des noms qui ne sont ni masculins ni féminins ? – Parce que, dans la composition de toutes ces choses, s'ils ont employé la dénomination d'eau de cuivre, c'est que le cuivre était devenu liquide ; la dénomination de semence d'or, c'est qu'ils y avaient semé de l'or. En se servant du terme : gomme morte, ils ont eu raison, car c'est après la combustion des corps et leur mortification que la combinaison devient utilisable et se transforme en esprit tinctorial. Ils ont eu également raison en donnant des noms masculins, des noms féminins et des noms neutres ; car il y a parmi ces choses des mâles et des femelles, lesquels, une fois mélangés, ne sont plus ni mâles ni femelles : par exemple, lorsqu'on les appelle lingot et lame. »

« Pourquoi appelle-t-on le corps combiné, calcaire ? – Parce que le calcaire, qui était d'abord une pierre sèche et froide, une fois cuit (et changé en chaux vive), manifeste l'esprit du feu, qui lui a donné une vie interne. »

« Qu'appelle-t-on combustion, transformation, disparition de l'ombre et production du composé incombustible ? – Tous ces noms s'appliquent au composé quand il blanchit. »

« Quelle est l'opération la plus efficace parmi celles des philosophes ? – Les opérations des philosophes peuvent toutes se réduire à une seule, et la meilleure est celle qui retient le soufre et fait rougir. Mais il convient avant tout de connaître les poids, car c'est grâce à eux que l'on devient maître de cette opération unique, que les philosophes ont ordonné d'exécuter bien et complètement, mais dans laquelle ils ont caché les poids, ainsi que leur répartition. Les uns les ont donnés approximativement et en termes obscurs ; d'autres ne les ont même pas mentionnés, pour qu'ils fussent mieux cachés et tenus plus secrets. »

« Comment, ô esprit vertueux, ceux qui viendront après nous pourront-ils connaître ces poids ? – Ils devront bien observer, quand on ne leur aura pas indiqué de poids, de mettre les matières en quantités égales. – Quelle substance faut-il peser et laquelle faut-il ne pas peser ? – Il faut mettre le molybdochalque par parties égales et pareillement pour les autres choses semblables ; quant au soufre, il doit les égaler toutes en poids. »

« Pourquoi Démocrite le Sage s'est-il plaint du mélange, en disant : Rien ne nous a été plus difficile que le mélange des natures et leur assemblage pour les combiner ? – Démocrite a eu raison. Ne savez-vous donc pas que l'œuvre entière ne peut avoir lieu qu'à la condition de connaître chaque chose en particulier ;

c'est alors seulement que vous connaissez le mode suivant lequel il faut procéder au mélange, d'après les poids qui conviennent pour en assurer la parfaite exécution. Il faut donc que le philosophe sache avant toute chose et avant de mettre la main à l'œuvre si la chose est, ou n'est pas, de quelle chose elle est formée et comment elle est. »

« Pourquoi les philosophes ont-ils dit : Faites que la combinaison soit incombustible ? Or tous ordonnent de la brûler, de telle sorte qu'elle devienne comme une cendre. – Les philosophes ont eu raison dans ce qu'ils ont dit et ordonné ; car l'élixir brûlé, transformé en cendres et mélangé avec le liquide devient pareil au miel. On le fait cuire alors, jusqu'à ce qu'il se dessèche ; puis on y remet du liquide, et on répète plusieurs fois ces opérations de mélange et de cuisson, jusqu'à ce que la calcination soit complète et qu'il ne reste plus dans la combinaison rien qui n'ait été brûlé ; il faut enfin que la combinaison soit transformée en cendres, telles qu'on ne puisse plus les brûler de nouveau. Il en est ainsi du bois que le feu ne cesse de consumer, jusqu'à ce qu'il l'ait réduit en cendres ; mais ces cendres, une fois retirées du feu, ne peuvent plus êtres brûlées. On peut encore comparer la combinaison à la fièvre qui s'empare de l'homme et ne le quitte plus, avant d'avoir brûlé toute les superfluités de son corps, superfluités qui sont précisément les causes de cette fièvre. Quand toutes ces superfluités ont été consumées, la fièvre quitte l'homme. Les philosophes ont donc ordonné de brûler la combinaison, jusqu'à ce qu'on ne puisse plus la brûler davantage. »

« Pourquoi les philosophes ont-ils dit : Amalgamez les parcelles du ferment d'or avec le mercure, jusqu'à production d'un tout homogène ? En disant cela ils étaient d'accord pour l'amalgame. Quand les teinturiers dorent les armes et qu'ils amalgament l'or avec le mercure, pourquoi l'or devient-il blanc et paraît-il tel aux yeux, puis, quand la cuisson est achevée et l'opération terminée, devient-il rouge ? – Il en est de même (dans notre opération) du mercure, qui dompte d'abord les parcelles de l'or et les blanchit, en faisant disparaître la couleur rouge ; mais le mercure, dompté à son tour, laisse reparaître à la fin la couleur rouge, si bien que l'on ne retrouve plus le blanc et qu'on ne le voit plus. »

« Comment les quatre natures se subjuguent-elles l'une l'autre et comment se mélangent-elles les unes aux autres, pour donner comme résultat les êtres créés ? – Comprenez bien ceci : les matières compactes des quatre natures se mélangent simplement les unes aux autres : mais ce sont seulement les matières subtiles qui se joignent ensemble, lors du mélange, et qui se pénètrent l'une l'autre. Les matières subtiles agissent sur les matières subtiles, non les compactes sur les compactes. Ainsi la terre et l'eau sont des éléments compacts, tandis que l'air et le feu sont des éléments subtils. Les deux éléments subtils affaiblissent les deux éléments compacts et les transforment en matières subtiles, et Dieu en fait sortir tous les êtres créés, au moyen de la cuisson et de l'absorption de l'air. Ainsi nous avons ici deux éléments compacts et deux éléments subtils : les deux éléments subtils sont ceux qui pénètrent les deux éléments compacts et les rendent subtils.

« De même il y a dans l'année quatre saisons ; chacune d'elles a son tempérament spécial : la première est l'hiver avec le froid ; la seconde, l'été ; la troisième, le fort de l'été ; la quatrième, l'automne. L'hiver et le froid resserrent la terre et ce qu'elle renferme de semences, de telle sorte qu'ils en expriment et font sortir les premières plantes. Dans la seconde saison, l'été, les plantes et les semences acquièrent leur développement complet et leur maturité. Si le fort de l'été, avec son soleil ardent, atteignait ces plantes (dès le début), il les brûlerait et les endommagerait ; mais le printemps les préserve, par sa température moyenne : de telle sorte que vous voyez les plantes acquérir de la force et se développer. Quand la chaleur intense du fort de l'été atteint les plantes, elle en fait sortir les fruits, qui prennent leur grosseur et leur forme. Si cette chaleur intense continuait à agir sur ces plantes et sur ces fruits, elle les brûlerait et les endommagerait. C'est alors que survient pour ces fruits la quatrième saison, l'automne, pendant laquelle la température de l'air est moyenne. Les fruits s'améliorent à cette époque ; ils prennent de la couleur, acquièrent le bon goût de la maturité et sont utilisés par les hommes.

Il convient d'opérer sur notre combinaison et de faire agir sur elle les divers degrés du feu, d'une manière analogue à celle (des saisons), que les philosophes ont prise comme terme de comparaison. Quant à moi, je vous ordonne de ne point dédaigner un seul mot, ni une seule comparaison des livres des philosophes ; car ils n'y ont rien mis qui ne fût la vérité. »

A ce moment mes yeux se fermèrent malgré moi, et sous l'empire de mes préoccupations je m'endormis. Il me sembla que j'étais sur les bords du Nil, sur un rocher qui dominait le fleuve. Tout à coup je vis un jeune homme vigoureux qui luttait contre un dragon. Au moment où le jeune homme se précipitait sur le dragon, celui-ci souffla contre lui et siffla violemment, en relevant la tête. Le jeune homme m'appela à son secours, en me faisant signe de traverser le fleuve. Je m'élançai aussitôt et je me trouvai bientôt près de lui. Je pris une pique de fer, que je lançai contre le dragon ; mais celui-ci, se tournant vers moi, souffla avec une telle violence qu'il me fit tomber à la renverse, sans toutefois que je perdisse connaissance. Je revins à la charge une seconde fois. En me voyant retourner contre le dragon, ma pique de fer à la main, le jeune homme me cria : « Arrête, Cratès, cela ne suffira pas pour tuer le dragon. » Je m'arrêtai et je lui dis : « Eh bien ! fais-en ton affaire. » Le jeune homme prit de l'eau qu'il jeta contre le dragon : la tête de celui-ci tomba, et il resta étendu mort. S'adressant alors au dragon, le jeune homme lui dit : « Montre le profit que l'on attend de toi. » Puis il lui prit le nombril et le pressant fortement il en fit sortir un œuf de crocodile. Comme je croyais que cet œuf était un œuf de rezin (?), je dis au jeune homme : « Vous êtes injuste à l'égard du rezin en lui enlevant un de ses œufs. – Ce n'est pas un œuf de rezin, me répondit-il, c'est un œuf de crocodile et cet œuf ne se gâte pas ; il ne se dessèche pas ; il n'est pas brûlé par le sang ; il ne se détruit pas ; mais il se transforme en une rouille, dont on tire profit. Peu à peu l'estomac en fait cuire le contenu et il sort de ce mets délicat les quatre natures : la pituite, le sang et les deux biles. Mais, ajouta-t-il, il faut d'abord que je te montre ce que c'est que ce dragon... »

Alors nous trouvâmes un rocher de *batharsous* (?) desséché par l'ardeur du soleil, dont l'intensité l'avait crevassé. Dans les crevasses de ce rocher se tenaient le dragon et sa femelle ; ils étaient si énormes et si languissants qu'ils ne pouvaient plus bouger [...] [1]. Le dragon était immobile, affaissé, et n'avait plus qu'un souffle de vie. Dès qu'il me vit, il crut que je venais pour m'emparer de lui ; il sortit aussitôt de l'endroit où il était et s'enfuit dans une des fissures. Le jeune homme me montra une lance et j'aperçus à ce même moment une clarté brillante qui m'effraya. « Regarde, me dit le jeune homme : ce dragon, qui tout à l'heure était mou et languissant, est maintenant ardent et dispos ; je vais le tuer avec cette lance. – Pourquoi, répliquai-je, ne lui avez-vous pas enlevé ses yeux éclatants, alors qu'il était affaibli et décrépit et avant qu'il redevînt jeune ? – Il ne faut pas, me répondit-il, que nous lui prenions ses yeux, avant de nous être emparés de sa femelle. » En lui entendant tenir ce propos, je crus qu'il voulait combattre un dragon femelle, autre que ce dragon. Je cessai alors de l'interroger, en voyant son assurance. Il prit alors le dragon et le déchira en morceaux, à l'aide de sa lance. Tous ces morceaux avaient des couleurs variées ; il réunit ensuite ensemble les morceaux d'une même couleur. Comme j'avais longuement fixé mon attention sur ce qu'il faisait, je m'aperçus que ces couleurs ressemblaient aux couleurs de notre œuvre. Il y avait des couleurs pareilles à celles de l'adamas et de l'électrum ; d'autres ressemblaient à la marcassite ferrugineuse, privée de son esprit ; d'autres à la cadmie cendrée ; d'autres à la boue jaune et d'autres au cinabre rouge. Quand il eut achevé de réunir les couleurs semblables, il prit l'œuf de crocodile et le brisa ; puis il sépara le blanc du rouge et de l'humidité, et il mit ensuite le blanc avec le blanc, le rouge avec le rouge.

1. Lacune dans le texte.

Pendant que le jeune homme était occupé à cette opération, le dragon rempli de vie s'élança ; il souffla contre nous et si je n'avais pris la précaution de jeter contre lui de l'eau vivante, qui fit tomber sa tête de son corps, il nous aurait certainement fait périr.

Quand le jeune homme vit ce qui était arrivé au dragon, il entra dans une violente colère et jura qu'il réduirait ce dragon en poussière. Puis il commença à réciter de puissantes formules magiques, jusqu'à ce que le dragon fût réduit en poussière. Il en plaça les débris dans un vase, sans trop les presser. Il en sortit de l'eau, dans laquelle il y avait un poison. Chaque fois qu'il retirait une partie de cette eau, il détournait la figure pour que rien ne pénétrât dans ses narines.

Quand le jeune homme eut terminé son opération, il me dit : « Ô Cratès, retiens bien ce que tu viens de voir et consigne-le dans ton livre, pour ceux qui viendront après toi. Ce que tu m'as vu faire, lorsque j'ai tué ce dragon, est le secret d'Hermès Trismégiste ; il l'a caché dans son livre, car il lui a répugné de le faire connaître aux profanes. Sache que c'est moi qui te découvrais le ciel, lorsque tu y montais. Si tu n'avais pas gardé le secret sur ce que tu m'as vu faire, je t'aurais tué avant de te livrer ce secret. Et si tu décris dans ton livre ce que tu as vu et que tu veuilles en divulguer le secret, vois ce dragon que j'ai réduit en poussière et dont les couleurs se sont manifestées, il eût été funeste à ton existence et il aurait séparé ton âme de ton corps. »

En raison de l'extrême frayeur que l'engagement qu'il venait de me faire prendre m'avait fait éprouver, et des merveilles que j'avais vues et qu'il me demandait de tenir secrètes, je restai tout étourdi et je m'écriai : « Dieu, – qu'il soit glorifié et exalté ! – m'a révélé que je devais m'abstenir de dévoiler les secrets, puisque personne des Anciens n'a pu faire chose pareille. Que celui qui trouvera ce livre craigne le Créateur des âmes et s'abandonne à lui, il arrivera au but. Quand à celui qui n'aura pas touché le but et qui n'aura pas compris l'auteur, il périra dans la douleur et le chagrin. »

Quand Khâled ben Yezid eut lu ce livre, il écrivit à Fosathar pour l'informer qu'il lui envoyait un livre, qui était joint dans la bibliothèque des Trésors au livre de Cratès, et pour lui annoncer que ce dernier livre était légèrement abrégé, mais qu'il contenait de nombreux enseignements et fournissait beaucoup d'indications sur la philosophie.

Ici se termine, avec l'aide de Dieu et grâce à lui, le livre du philosophe Cratès.

Table des Matières

Ce volume,
publié aux Éditions Les Belles Lettres
a été achevé d'imprimer
en novembre 2020
par l'imprimerie SEPEC
01960 Péronnas, France

Certifié PEFC

Ce produit est issu de forêts gérées durablement et de sources contrôlées.

PEFC™
10-31-1470

pefc-france.org

N° d'éditeur : 9714
N° d'imprimeur : 05425201106
Dépôt légal : novembre 2020